华夏智库·新经济丛书

从连锁思维
到
筹资裂变

陈伦珠　刘海棠　肖红兵 著

CONG
LIANSUOSIWEI
DAO
CHOUZILIEBIAN

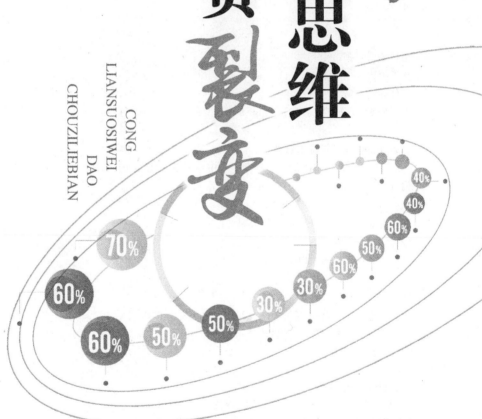

经济管理出版社
ECONOMY & MANAGEMENT PUBLISHING HOUSE

图书在版编目（CIP）数据

从连锁思维到筹资裂变/陈伦珠，刘海棠，肖红兵著 .—北京：经济管理出版社，2018.2

ISBN 978-7-5096-5656-3

Ⅰ.①从… Ⅱ.①陈…②刘…③肖… Ⅲ.①连锁店—商业经营 Ⅳ.①F717.6

中国版本图书馆 CIP 数据核字（2018）第 015867 号

组稿编辑：张　艳
责任编辑：丁慧敏
责任印制：黄章平
责任校对：张晓燕

出版发行：经济管理出版社
　　　　　（北京市海淀区北蜂窝 8 号中雅大厦 A 座 11 层　100038）
网　　址：www.E-mp.com.cn
电　　话：（010）51915602
印　　刷：北京银祥印刷有限公司
经　　销：新华书店
开　　本：720mm×1000mm/16
印　　张：12.5
字　　数：165 千字
版　　次：2018 年 4 月第 1 版　2018 年 4 月第 1 次印刷
书　　号：ISBN 978-7-5096-5656-3
定　　价：38.00 元

序
一位连锁品牌创始人的创业告白

如果用一句话来概括本书的写作目的，那就是希望读者从中学会一种创业思路。无论是创业小白还是成功创业者。在创业的路上，我们需要做的无非是科学招聘和管理人、智慧筹集资源、安全筹集资金，做到这些才能将小生意做成大生意，把大生意做成遍地开花的连锁生意。

作为诚睿广告和响当当连锁集团创始人，笔者在企业经营带团队的过程中，以及在给众多创业者、企业家授课的体验里逐渐感知到：市场竞争越来越激烈，中国商业时代的特征越来越明显，选择自主创业的人也越来越多。在这些创业方式中，连锁加盟作为一种低风险高回报的投资，越来越受到人们的瞩目。

但是，随着连锁品牌与加盟店数量的增多，连锁加盟的竞争压力也日渐凸显。在连锁企业中，两极分化现象屡见不鲜：有的连锁店顾客络绎不绝，而有的则门可罗雀；有的越开越多，有的还未来得及扩张就偃旗息鼓。

这种两极分化的状况不仅体现在不同品牌的连锁店，在同一品牌的连锁店更是彰显无遗。那么，是什么造成的这种状态呢？我们需要追溯根源。很多人都以为只要加盟了一家连锁店就可以坐收其利，却忽略了要想成功经营一家连锁店，同样需要通过自身的努力去把握和调控。

随着时代的不断变化，经济市场的风起云涌，互联网和移动互联网的大肆兴起，传统的创业和经营思路已经发生了很大的改变。如果我们还是墨守成规，在思维和创新意识上不敢有突破或找不到突破的点，那么，很可能在"大众创业、万众创新"的时代大潮里变成被拍死在沙滩上的前浪。

以前人们都说未来是电商的天下，现在看来，电商红利时代正在悄然隐退，原本被"打劫"的实体企业渐渐复苏，对于连锁裂变是一种利好现象。如何做到线上线下双线合并，既借互联网的东风又能把实体店发扬光大，需要创业者审时度势。而这个势，无非是对内会带兵打仗，对外会嫁接资本。不管梦想多大，没钱就不可能让梦想照进现实。有钱才任性，才敢试错后重来，才敢大刀阔斧开疆拓土。所以，这也是笔者编写这本书后半部分重点强调的融资能力。

中国大资本时代已经呼啸而来，新三板转板制度呼之欲出，IPO 注册制渐行渐近，如果一个创业者不懂天使投资，不懂 VC、私募，不了解创业板上市等金融知识，又怎么能打造一个"被投资的企业"呢？

企业的成功上市造就了很多亿万富豪，创业板的推出更促使无数企业走上了"阳光财富"的资本大道。成功上市更凸显了企业家的成就，使企业有希望获得跳跃性发展。企业上市，能广泛吸收社会资金，迅速扩大企业规模，提升企业知名度，增强企业竞争力。这也为创业者想要连锁裂变打下了坚实的基础。

笔者目前是多个公司的创始人，也是一个讲师，经常把自己的创业理念和管理经验分享给小伙伴。但笔者更想说："我是一个创业者，一直在路上。"

希望通过这本书跟大家分享一些管理理念，让读者熟悉一些投融资事宜，因为创业的精髓不在于扩张了多少连锁店，而在于把一个店做精、做好，吸引投资，一切才可能水到渠成。

响当当连锁品牌联合创始人：陈伦珠、赖源旺、杨鹏、刘海棠

目　录

上篇　未来与连锁

中篇　创业筹资

下篇　融资运作

上篇　未来与连锁

第一章　优秀老板看未来

要点 1　传统实体的危和机

随着互联网经济的蓬勃发展，尤其是 2014 年以来，电商的大潮已经汹涌澎湃地向各个行业袭来，诸多传统实体企业或店面遭遇了前所未有的市场危机，甚至有人预计未来各个行业互联网企业将完全替代实体企业。全球管理咨询公司麦肯锡 2015 年发布了《中国数字消费者调查报告》，很多人纷纷参与讨论，那就是：实体店已死。无论是经济学家还是一些互联网大佬都放出豪言：电商或将完全替代实体店。为此，短短两三年传统实体店就出现资金周转不灵，关店潮频发，很多知名企业要么断臂自救，要么土崩瓦解，可谓哀鸿遍野。

互联网的发展使得信息交换速度大大加快，这时候不少传统零售商把视线转移到电商这一平台上来。互联网的不断发展、不断创新，为传统零售业转入线上提供了绝佳的契机。但传统零售企业转型互联网时，难免遇到以下困境：

1. 单纯依附第三方平台竞争激烈，管控严，无法沉淀用户数据，品牌效应难塑造。

2. 实体店与线上业务相冲突，线上线下未打通，数据难共享。

3. 销售模式单一，无法跟踪客户消费信息；线下渠道囤货，库存难清，资源无法整合。

4. 线下店铺受时间、空间影响，客流来源单一，回头客少。

在这个"以销定产、以产订购"的模式中，我们看到的是一个通过信息网络资源而形成的完整高效供应链体系，其信息反馈之高效、供应链体系之完善，令其他实体零售企业望尘莫及。

不待传统实体店喘息，移动互联网又开始大肆入侵，对于那些会用手机购物的人而言，实体店只是个展厅，只有15%的人会在线下掏钱埋单，其余的人都会用手机解决自己的消费饥渴。例如，你正在商场里购物，发现了一件名牌服装很合心意，不过价钱贵得离谱，一般情况下你可能忍痛放弃了，但若你这个时候拿出手机，扫描了这件衣服的标牌，结果发现网上同款衣服的价格要比实体店便宜一半多，你在狂喜中按了购买键。就这样，商场在不知情中成了电商免费的商品陈列和体验室。不难想象的是，假以时日这家商场的前途会一点点被用APP武装到牙齿的电商企业蚕食掉。智能移动终端（智能手机和平板电脑）时代，传统的产品营销版图甚至是电商版图将彻底被颠覆。

越来越多的实体店主抱怨生意难做，然而电商营造消费热潮的行动却不会因此而减少："京东618"、"双十一"、"双十二"、圣诞、元旦等，近些年，这些促销日已成为商家与消费者之间不成文的"约定"。显而易见的是，线上成为交易的主要平台，实体店、专柜等线下消费空间则很难从中瓜分到太多利益。因此，传统百货、鞋业、服装等实体店的"关店潮"已持续很长一段时间。这就是传统实体在互联网冲击下出现的困境和危难。

经济发展与阴阳平衡同理，物极必反，任何一个发展如火如荼的事物，到了顶峰必然回转，互联网催生的电商企业和平台也是如此。

曾几何时，淘宝不知道圆了多少中国人的"创业梦"，使无数"草根"走上了自力更生的道路，实现了经济独立。又不知道有多少人从小小的"淘宝店主"做起，摸爬滚打、勤勤恳恳地成了电子商务的佼佼者，富足又踏实。而现在，互联网格局瞬息万变，800万淘宝店主再次遇到了生存瓶颈，这种心情就如同当年他们开淘宝店铺之前一直犹豫是否要自主创业一样纠结。更糟糕的是：当年遇到的是发展瓶颈，现在却生存堪忧！

2016年的后半年到2017年，线上的红利期已经渐渐远去，整个流量关系从线上到了线下，从投资角度讲，现在更要关注的是谁有线下流量。而从未来趋势看，未来围绕线下便利店的圈地运动会更加激烈。日本也曾有过实体店衰退期，但调整几年后，重新稳定崛起，当下的中国正如同当年的日本，虽然电商的冲击给实体店造成了一定的压力，但这是不可回避的现实问题。然而，最坏的时代一定是最好的时代，实体店不会消亡，未来的赢家最终还是实体店。

例如，目前我们响当当广告服务的"1小时手机服务连锁"逆势开线下实体店。"1小时手机服务连锁"创立于2014年，以手机服务为切入点，以线下门店为主导，充分利用自身的技术实力，不断深入挖掘智能产品的各类刚需并开展相关业务。目前业务遍布全国26个省（直辖市、自治区），200多个地级市，门店数量近500家，截至目前，保持每月新增加盟门店50家左右，正开启全新的线下体验式逆袭模式。

这说明了什么？说明传统实体企业出现了转机与新的机遇。

其实，线上线下并非对立，更非替代，融合分享是大趋势。网购也好，实体也罢，客户是同样的，商业原理是相通的。割裂与对立必将两败俱伤，融合与分享才能共赢共进。同时，互联网创业泡沫被挤掉不少以后，市场也由混乱走向规范。O2O商业模式不再是烧钱大战，拥有丰富的线下资源且在线上逐步摸到门路的实体零售企业，可以针对符合自身优势的O2O业务进行资源整合，通过差异化的商业模式和产品服务，在市场上占据一席之地。

所以，当互联网泡沫的浮华散去，传统实体企业的转机即将来临。

其一，新崛起的消费时代，给实体企业带来新的机遇。

"90后"、"00后"新生力量偏好超前消费，注重体验，在意互动。消费的喜好及习惯已大大不同，正是当下实体店逆袭崛起的最好时机。

其二，互联网巨头带来的风向标。

马云一年六次加码实体企业，从海淘超市到O2O的生鲜超市，到开咖啡店，到联手鹏欣开体验式商场，再到买下肯德基。

其三，实体店大大增收。

移动互联外卖模式正帮商家史无前例地增收，原本的店铺辐射范围大大扩大，业务量大增，甚至单店几倍增长。无论是路边小店，还是商场大牌，都站在同一起跑线上，点击量就是口碑值。如今甚至有商家70%的利润来自移动外卖订单。而且，越来越多的商家更加理性地操作，不拼低价及折扣，而是通过外卖平台把线上流量导入线下，反而增加了实体店的收益。

其四，政策扶持力度。

国务院颁布《关于推动实体零售创新转型的意见》。国家也在推动零售改革升级，新零售时代扑面而来，是机会也是挑战。正引导传统销售场所向社交体验、家庭消费、时尚消费、文化消费中心等转变。培育线上线下融合发展的新型市场主体。以市场化方式盘活现有商业设施资源，减少公有产权商铺转租行为，有效降低商铺租金。放宽对临街店铺装潢装修限制，取消不必要的店内装修改造审批程序。同时，营造线上线下企业公平竞争的税收环境。

其五，电商开始出现关店潮。

电商的成本越来越高。电商已经突飞猛进了很多年，现在的电商成本之高已不低于实体店：人工11%、天猫扣点5.5%、推广成本15%、快递12%、售后2%、财务成本2%、水电房租2%，加上税务，如果没有50%以上的毛利率，电商根本没有办法持续经营。"大鱼吃小鱼"的现象，正在电商行业快速上演！

其六，线下商铺的展示价值被本土商家看中。

实体店的展示体验价值越来越被看重，已成为品牌突破发展瓶颈的有力武器。有商家直接开出体验店，只为培养下一代品牌消费及情感沟通，甚至有商家直接租下店面打造体验式的线下试衣体验店。说明对电商来说，线上客户增长很可能已达瓶颈，再不拼实体店市场，就真要落后了。

所以，传统实体店既在互联网冲击下有了危机，也让大家看到了新的机会。

要点2　线上线下，双线合并

前面我们谈了传统实体企业在互联网冲击下，大部分在危机中倒闭和消失，还有一部分借着新生的机会重生。逆袭的传统企业就是汲取了互联网的精华为己所用，并结合线下实体店的优势，进行整合和融合。所以，一个企业最需要解决的就是如何实现线上与线下的完美融合。不然，总会带给消费者线上线下两张皮的距离感。如此，客户体验就会大打折扣，也不能使线下线下达到完美结合，虽有转机也不一定能做大做强。

从2017年开始，互联网公司做线下零售的案例越来越多，从Amazon Go到无人超市、无人便利店，从小米之家到京东百万便利店。电商零售的战火已经从线上烧到了线下，持续点燃消费者的激情，一场新的零售革命正在到来。

互联网经过多年的发展已经在线上积累了很多经验和方式方法，但在转向线下的过程中必然会遇到线上和线下发展依然并行的问题，两者缺少交集最终会让用户觉得线上和线下是两张皮，用户在消费过程中的体验并没有得到实质性的提升。因此，转向线下的一个关键点在于融合，因为融合决定着彻底打通，彻底打通代表着无缝对接，无缝对接直接影响着用户体验。

传统互联网条件下，用户在网上浏览到心仪的商品之后，通过将商品放入购物车，等到结算的时候，只需要将心仪的商品勾选结账即可。而转移到线下之后，互联网公司线上和线下必须融合，将两者的体验变得相同，即用户在线下实体店依然能够将线下实体店的商品加入线上的购物车，并通过电子支付的快捷方式来完成最终付款。这个流程完全是一种无缝对接的过程，用户不需要进行线上和线下模式的切换，只需要享受方便、快捷的购物体验即可。

只有实现线上与线下的完全融合和打通才能真正获得这种顺畅、方便、快捷的体验，而这种体验将会直接影响用户能否真正接受这样一种线上和线下融合的模式，直接决定着互联网的这一转型能否最终获得成功。

如同马云说的那样，未来30年互联网公司的机会一定在线下，而传统企业或者线下企业的希望一定是在线上，双方未来30年必须建立在一起，互联网经济不是虚拟经济，互联网经济就是必须把虚和实结合在一起。

线下做体验店，线上做平台。在这方面，家电行业和餐饮业已经做得比较成熟了，比如苏宁、国美。

那么，以受到电商强烈冲击的服装行业为例，未来，服装行业一定会出现这样的模式，线上做品牌集合平台，线下布局体验店，可以用 VR 等高科技手段试穿线上各品牌的衣服。销售将不再是线下店最重要的功能，线下店更多的是提供一种展示、体验的空间，所以线下店也不需要密集布局，甚至不再需要备很多货，不需要请很多店员。线下体验、线上购买，而且真正做到线上线下同质同价。

淘宝的代购店已经在杭州全面启动，代购店仅是产品的展示，除了由服务员代替顾客在网上购买之外，其他程序与淘宝的购买程序并无二样。淘宝准备 2017 年在全国建立 30000 家代购店，目的是让淘宝的顾客群扩展到线下。钻石小鸟在中国发达城市的高档写字楼里开设了体验店，用网络引导消费，再用实体店满足顾客对奢侈品购物体验的需求，开设线下体验店之后，其销售额成倍增长。戴尔公司一直靠网络和电话销售产品，直到近几年开始陆续在莫斯科、布达佩斯和中国上海等地建立体验店，戴尔接连进入北美百思买、沃尔玛，登陆日本 Bic Camera，与国美电器强强联手，抢占各地强势的连锁终端渠道，"鼠标+水泥"的模式，显然给戴尔带来了新的销售和利润增长点。

线上与线下经营的结合是一把"双刃剑"，结合不好，会导致企业形成内耗，产生利益冲突与矛盾；结合好了，能够节约大量的中间成本，给顾客提供更实惠的优质产品与服务，使产品、服务和品牌形象在战略方向上高度统一。

商业模式的创新无论对线上企业来说，还是对线下企业来说，都是必须直面的共同挑战。只有线上、线下同步运作，才有利于企业整合自身的内外资源，有利于积累品牌影响力，加深同企业目标顾客的沟通。那么，究竟如何才能将电子商务和传统渠道进行有效结合，以相互借力、相互支撑、相互推动、相互营销？

要点 3　连锁裂变：一次新的革命

随着经济由原来的产品经济到服务经济，现在发展成为线上线下布局的体验经济。营销方式由原来的产品营销到广告营销，现在是体验营销，这是社会发展的必然趋势。过去的传统经营，是人和店都不动；而直销是店不动，人可以到处跑；而电子商务盛行的时代，互联网上的东西可以瞬间跑遍全世界，店是活的，人也是活的，产品也是活的。

我们梳理一下传统企业，尤其是零售业的发展和演变历程：

第一次革命，集中销售。最初的经济形式是自然销售方式，是小品量、面对面交付。工业革命时代大规模、标准化生产发展到一定阶段，必然要求相匹配的销售市场与销售方式，也就是最初的百货公司和门市部。

第二次革命，自助销售。从集中销售走向自助销售，诞生了超市业态。与百货公司相比，超市销售方式的最大特色是开架自取、出口结账，是精心设计购物路线、商品摆放位置、灯光配置。这既改善了购物体验，又以商品本身与环境直接刺激了购物欲望。

第三次革命，品牌销售。从自助销售走向品牌销售，诞了专卖店业态。只服务于单一品牌的专卖店可以给顾客更好的消费体验。与百货公司和超市不同的是，专卖店汲取了自助销售方式，顾客可以随便接触商品的长处，甚至采取免打扰式服务。

第四次革命，体验销售。从便利销售走向体验销售，诞生了集吃、购、玩于一体的新零售业态超大规模购物中心，实现人们所有的个性要求。实际是一个小型社区，作为一种复合型商业业态，是以大型零售业为主体，众多专业店为辅助业态和多功能商业服务设施形成的聚合体。

第五次革命，电商销售。从体验销售走向电商销售，诞生了网络商店业态，它既表现为电商平台与小型网商的结合，更朝着综合型、或垂直型、或专业型电商商城方向发展。电商销售是非在场、远距离销售，不再如其他零售模式顾客与销售者在同一时空完成购买过程，是对面对面交付的其他传统零售方式的最大颠覆。

第六次革命，连锁裂变销售。通过为消费者提供与实体店中相似的反馈、建议与沟通服务，在线上与线下建立同等的品牌形象，将实体店真实、周到的购物体验无缝转移到线上网络店铺中。同时，通过应用程序和在线服务的创建，将商店的消费体验连接到更广泛的在线社区，让消费者对品牌的信任度更大化，这就是一种裂变。

连锁裂变经营是一种成功的企业经营方式，快餐业的麦当劳、肯德基，零售业的沃尔玛、家乐福，酒店业的香格里拉、希尔顿，洗护品的屈臣氏，服装类的优衣库等无不是以优秀的连锁经营模式来发展壮大的！连锁经营模式是一种优秀的经营模式。

优衣库将在线离线模式融合得非常成功。除了淘宝商城的网店，优衣库还利用人人网和新浪微博这样的社会媒体渠道，通过在线游戏等模式，让它的核心客户群之一的中国大学生进一步增强对优衣库的品牌认知与好感。优衣库也通过腾讯的移动信息应用微信向消费者推送促销活动信息，增加店铺的流量和销售额。

"连锁"是一种经营模式，本质上是产品或服务从企业传导至最终消费者的渠道表现形式。线上电商与线下实体商业，应该由原先的独立、冲突，走向混合、融合，线下实体商业通过精准化、体验为主的模式，去了解消费者，满足并引导消费者的需求，以推动零售行业的转型升级，实现连锁和裂变，这是未来新商业模式的探索与发展。

要点4　用户社群：老板用户一家亲

无论哪种营销模式，最终都离不开用户。运营的重要使命是连接用户和产品，是最懂用户、与用户打成一片的人。核心用户就是运营要主要连接的对象，保持与他们的沟通，有利于团队把握用户需求。把消费习惯和品类需求一致的客户聚合在一起，形成一个具有超强黏性的组织，就是时下流行的用户社群。

比如，产品和服务好不好，能不能建立起口碑，不是自己吵吵出来的，更多还是靠口口相传。用户社群的概念也是一样，他们认可你的产品，是你产品的粉丝，那么他们就会持续对外做正面的宣传，去影响更多人。还有，如果遇到负面或舆论危机，这些用户都会出来帮你站台。

移动互联网时代，用户的社群化特征越来越明显，主流的社会结构正演化成一个个分散的社群，移动端的互动性和跨越时空性是社群化的重要基础，大家也不再以年龄作为界线来区分，更多是以兴趣爱好包括行为、价值取向等形成新的社群。与传统的会员制不同的是，移动端的用户社群是一种强关系，其核心纽带是情感，基于这种强关系模式衍生出了庞大社群经济和粉丝经济市场，如小米的米粉，罗辑思维的粉丝群。

用户社群不再有那么硬性的划分，老板是老板，用户是用户。有时候产品和服务做得好不好，不取决于老板会不会管理，更多的是用户买不买账。用户社群真正要实现的是老板用户一家亲。

有一家企业，创业之初只有老板一个人，做化妆品微商代理。做了一段时间后根据用户的反馈，总会出现这样那样的问题。这个人正好是学化学的，于是她跑了很多国家找原材料，研究化妆品的制作工艺和流程，最后研发出了一款新产品，她走的是化妆品定制路线。都因为好用，每一个用户都成了产品的粉丝，也成为了她的朋友。经营三年，圈子越来越大，铁粉越来越多，成为她新产品代理的人也越来越多。隔三岔五，她就会带着她的团队游山玩水，真正实现了用户老板一家亲。

在现实生活中，这种单点建立起来的信任社群很多。因为信任，彼此才会放心交流很多事情。社群的资源配置方式很可能不是以市场方式进行的，或者说会大幅降低交易成本。社群内成员之间的横向沟通最重要。当然，很多人可能以为社群就是"圈子"。如果按照账号、横向沟通、信任、自裂变这几个标准来看，把社群当成圈子也无可厚非。唯一的区别是，社群是一个商业模式，最终目的是产生一个统一的交易模式。而圈子更注重个人利益交换，或者情感寄托。圈子是可以被做成社群的。

真实性是社群的灵魂，连接的直接化催化了真实性，社群的生成和维护更为可行。一方面，中介消失，生产者可直接与用户发生连接，更具真实性；当连接变得充裕，用户也更追求真实性。另一方面，互联网向线下渗透，寻求更大的价值空间，O2O的兴起使垂直服务成为可能。任何企业、组织乃至个体能直接和用户产生连接，真实性、价值性、人情味开始回归；大众商业开始解体为一个个小而美的围绕特定需求、垂直服务的社群。

社群时代，以连接一切为目的，不仅是人的聚合，更是连接信息、产品、服务、内容、商业等的载体。尤其随着自组织社群背后粉丝的成长和兴趣转移，社群还需要承载更加复杂的商业生态，究其根本原因，就是个体独特性和个体从众性两者不断地动态混合，单纯靠内容和商业来维持社群的正常运转很容易陷于停滞。因此，必须源源不断地输出新的内容和更丰富的商业形态，包括"社群+公益"，才能真正持续地凝聚一群人，满足永不停歇的人性追逐。

要点5　价值共享将成主流

水密布于整个地球，让全人类实现了真正意义上的"共享"，这就是水的价值。在商业与其他领域，某一行业与其他行业，某一企业与其他企业，乃至一个企业内部，也都存在一个价值的"共享"。在一个完整的商业体系中，互相连接价值链的诸多环节中，某一环节发生了变化，都会带来其他相关环节的变化。比如，阿里巴巴利用网络媒介，把全球各地的中小制造企业和消费者连接在一起，算是一种共享经济；滴滴、爱彼迎等公司把社会中的闲置资源——存量汽车和住房等，有效地利用起来，供更多人使用，是一种共享经济；摩拜单车，把自行车安上互联网基因，真正做到让私产具有公共属性，也是一种经济共享！而这些共享经济大部分还偏于服务共享。未来的新趋势更应该是一种价值共享模式。

在创造价值共享方面有一个案例值得借鉴，那就是雀巢公司的商业模式。

在中国，雀巢已建立起一个与奶农和咖农相互依赖的长久关系，雀巢为他们提供大量免费的培训和资金援助，帮助他们提高农业生产技能。农民们因此提高了生活水平，雀巢也获得了高品质的原材料，从而为消费者生产出优质的产品。

从 2012 年雀巢对云南咖农和咖啡公司工作人员开展 4C（Common Code for the Coffee Community，咖啡社区的通用管理规则）免费培训以来，截至 2017 年，雀巢公司驻云南咖啡专家组已为当地近 1800 名咖啡从业者提供了免费培训，帮助他们达到 4C 可持续性标准。"每年雀巢在 4C 认证上的投入就高达千万元"。雀巢大中华区副总裁董玉国表示，雀巢咖啡计划到 2020 年，将投入 5 亿瑞士法郎，对咖啡供应链中原料、生产制造和产品消费各环节创造共享价值。

雀巢在产品生产之外的投入，并不是因为其每年能够创造 1000 亿美元的全球销售额，而是因为雀巢逐渐意识到，社会创新、共享价值、社会责任投资是企业长远发展的必然选择。据联合国估算，全球有 20 亿人口缺乏微量营养素。为此，雀巢开发出添加各类维生素和矿物质的营养强化产品，帮助满足消费者的需求。

目前，营养强化产品的销售份额已经占到雀巢全部产品的 10%，并且正以每年 12% 的快速成长率在增长。

　　可以看到，对社会有帮助的产品，对企业业绩也有很好的贡献。对食品行业来说，在捐款捐物之外，研究产品与微量营养素缺乏这个社会问题的关联性，通过产品改良研发，可以解决因营养失衡带来的健康问题、医疗成本增加问题。

　　事实上，营养强化产品的项目，已得到国际上的广泛关注，哈佛商学院还将此作为企业创造共享价值的研究案例。

　　无论是食品行业还是其他服务行业，在国内，创造共享价值是企业可持续运营的战略，因为它鼓励企业把环保、健康、教育、贫穷等重要社会发展问题的解决方案与企业的运营战略整合在一起。

　　值得一提的是，虽然雀巢推广的"创造共享价值"理念才不过几年，但在全球范围内，越来越多的企业已开始关注到其对企业业绩与可持续发展的意义。雀巢的创造共享价值实践也将会为其他企业带来示范作用和借鉴作用。

　　在笔者看来，共享经济不仅是新经济，还是一种新的价值观，正在重构人与人之间的关系。从熟人推荐发展到陌生人之间交易，除了心理学和商业理性的原因外，还有社会学方面的原因。缘于闲置资源的让渡，共享经济加强了连接，这个连接并非仅指数据连接，还指人与人的连接，即社交，这种因用户黏性而形成的忠诚用户更不容易产生策略行为，不会因友商降价或优惠促销而流失。

要点 6　连锁思想永不凋零

　　企业做强做大需要连锁，需要懂得复制。比如，麦当劳、肯德基是连锁，沃尔玛是连锁，微软、中国移动、中国联通都是连锁。21 世纪做企业就是做连锁，做连锁就是做天下！整个世界都是连锁的，全世界所有的企业其实都是在做连锁！一定要用连锁的眼光去做才能把企业做大做强！

从世界上第一家颇有规模的连锁公司大西洋与太平洋茶叶公司开始，连锁经营就带着独特的魅力传播开来。正是因为连锁经营具有快速的复制和扩张能力，能帮助企业在短时间内实现规模的扩大，因此，从刚一兴起，就展现出巨大的活力，随后推向世界，对门店的复制，是连锁的开端。

既然那些连锁经营企业以及采用了类似的复制方式构建企业架构的企业，都属于我们将谈论的连锁对象，那么我们在这里不妨再简单回顾一下，连锁复制究竟能复制什么。

连锁复制简要地说，包括内部复制与外部复制：内部复制指复制门店、复制团队，而外部复制则包括复制知识、规律以及模式等，如对他人的经营管理思想的学习。此外，复制的范围将呈现跨领域的趋势。我们很多企业倡导狼性文化，或者采取军事化管理，向部队学，这也是一种连锁复制的范畴。总而言之，连锁复制将大大拓展我们的思路，不仅可以谈及企业的连锁，同样还可以运用到其他的社会组织或者机构当中，甚至更宽阔的领域。

真功夫全球华人餐饮连锁（以下简称真功夫）创立于1994年，传承中华饮食5000年文化并加以创新，把中华饮食传统的30多种烹饪方法凝聚在一个技法上：蒸，以岭南饮食的原盅蒸品为特色，发扬中华饮食"营养"优势，塑造以"营养"为品牌核心价值。

真功夫是一家以全新模式运行的中式快餐连锁企业，它首次建立起中式快餐业现代化后勤生产、烹制设备及餐厅员工操作的三大标准化。凭借其自主发明的"电脑程控蒸汽设备"，真功夫一举攻克整个中式快餐业的"标准化"难题；此外，还制定了中国餐饮业内第一套完备的营运手册，使各级管理、各项服务、各道工序都实现了标准化，探索出了中式快餐发展的新路。

作为中国第一家实现中式快餐标准化的企业，真功夫在品质、服务、清洁等方面与国际标准全面接轨，成为目前业内唯一可与洋快餐竞争、实现中式快餐多年发展夙愿——"80秒钟"取餐、"千份快餐一个口味"、"无需厨师"的中式快餐连锁企业。真功夫是中国规模最大、发展最快的中式快餐连锁企业。真功夫以华南、华东和华北三大现代化后勤中心为依托，现已拥有100多家直营连锁餐厅，在东莞创业，已开至广州、北京、上海、深圳、珠海、中山、惠州、江门、杭州、宁波等城市，迅速发展成为中式快餐业的领导品牌之一。

"连锁"先是一种经营模式，本质上是产品或服务从企业传导至最终消费者的渠道表现形式。在复制及创新的过程里，连锁是具有指导性作用的管理思想。连锁经营只是一种经营模式，而连锁则是一种思维模式、一种思考方式和行为方式。连锁最基本的特色就是它强大的复制力。细胞的繁殖力很强，倘若企业也能够获得细胞繁殖那样的强大繁殖力，其发展前景就可想而知了。连锁繁殖效应，归根结底都体现在企业生产力的繁殖，同时也带来了价值的倍增。

比如，我们响当当广告服务的广州谷粒康餐饮管理有限公司成立于2015年5月27日，是一家致力于为大众提供纯天然零添加的天然养生食品机构，集食品技术研究和餐饮项目连锁加盟于一体的综合性餐饮管理企业。公司本着诚信、共赢、创新、超越的经营理念，倡导"回归自然　选择绿色"的餐饮文化，之前是主打"谷粒康"早餐品牌，以五谷粗粮食品为主营产品，两年快速加盟了1400多家早餐店。现在，考虑到公司的长足发展，公司已重新进行品牌升级，推出更健康的"五谷馍房"早餐品牌，加速公司加盟门店的连锁发展，实施连锁经营战略。这种概念的营销，一方面推动了门店的复制，另一方面推动了品牌的传承。

门店的迅速繁殖，是连锁带来的最直接效应。只要存在市场，品牌大鳄与资本大鳄就能将触角延伸到他们想伸到的地方。

人人都明白连锁复制等于扩张和壮大，但是，如果没有一种引导自己的思维模式和行为方式去确定自己的战略、目标、市场、对手等，要将自己的企业规模扩大扩大再扩大也只能沦为空谈。选择连锁经营只是选择一种经营模式，而连锁是一种思想，不存在是否选择之举。做企业既要有高远的思想和格局，也要有实实在在的作风。有一国的心胸做一国的企业，有一省的心胸做一省的企业，有一家的心胸只能做小卖铺。可是除了心胸和战略，还需要一个企业家执行到底的踏实精神，这一点非常重要。

我们常常会看到这两类企业家，趋于两个极端，其中一种是眼光放得很远，一上来就想要在两三年内将企业的门店或分部开遍全国，占领全国市场，五年后上市。有梦想是好的，可是梦想需要一步一步做出来，这样才能做得准，走得稳，方可实现持续发展。在规模扩张的时候，这些企业家不免有一种急功近利的心态，甚至头脑发热，希望能一下子走上一条康庄大道。这类企业家初看似乎有魄力，也有一些在短时间内获得了成功。但是他们创立的企业内核是脆弱的，因此风险也很大，可能外部环境的一个变化和动荡，就能动摇企业的根基。那些世界知名企业，都是在长期发展过程中累积和引用先进经验，化为自身的能量，从而获得持续发展。

所以，对于企业家来说，第一条要突破的，就是关于商业模式的连锁思维。我们要复制借鉴的不仅是技术、不仅是产品开发，同时还有整个运营的体系。为什么在日本及很多西方国家能够诞生很多管理大师或管理专家，而中国目前却非常缺乏，这在于我们对于整个企业的经营管理模式的探索，还没有真正找出具有自己特色和精神的路来。

企业家不仅是生意人，运营模式不仅围绕着赚钱展开。企业家在打造一个真正优秀乃至卓越的企业时，不能仅停留在圈钱圈地的状态，而是需要更高的格局与境界。一个真正强大的企业家并不仅以盈利来衡量，而是这个企业是否具有潜在的发展动力，并且能否保持持续性发展，并能应对各种可能出现的情况。也就是说，企业需要一种综合力量。

　　如果具备了真正的连锁思维，做企业扩大地盘也指日可待。

　　连锁复制已经不再局限于单纯的连锁经营形式，它的范围将大大拓宽。具备连锁思维的企业，将更能够在错综复杂的商业经济发展领域里，不断从各方面攫取适合于企业的力量，转化为自身的生产力和效益来源，从而真正实现做强做大的目标。

第二章　连锁就是造网络

要点1　"连锁+互联网"，天生一对好工具

连锁是一个由来已久的企业经营模式，从物物交换开始，零售业这一历尽沧桑的古老行业，总是随着社会经济的发展而不断变革。当前，随着互联网虚拟经济的崛起，商业的发展仿佛突然就变得深不可测，市场环境已被多重因素颠覆。无论是品牌塑造还是竞争环境；无论是消费者购物习惯的选择还是经济环境，行业正在发生重大而深远的变革。

无论是实体经济，还是互联网经济，从一个世界发展起来的个体都需要在另一个世界寻找存在感。眼下，传统零售商所面临的最大挑战，"线下的未来"与"线下的过去"截然不同，最好的一条出路应该是"虚实相生"。

连锁的主要特点是把分散的经营主体组织起来，统一管理，形成规模优势，统一名称、信息、核算、库存、企业文化，连锁经营容易建立消费者的信任度，在商品品质管理上有绝对优势，这就是连锁业的本质基因，它成功缔造了肯德基、麦当劳、沃尔玛、家乐福等世界500强企业。连锁业的神话，不是单兵系统，是集团行为，成立与实现连锁经营的关键在于执行力，是否在建立分支机构时可以做到100%的管理传达是连锁业的核心。

互联网电商的基因，正好可以将原本的连锁更加细化，富有魅力，统一管理的规范通过电脑来实现，大数据的能力让报表更加及时有效，互联网时代的连锁业，可以实现数据化管理，科学化运营，快捷、高效地将经营主体组织并发挥力量，最重要的是互联网的用户资源、商品资源可以发挥出线下连锁无法做到的效果。

一旦把连锁的基因与互联网的基因嫁接融合，就会实现线上线下的虚实结合的效果，才能把连锁做得更好，而不仅是连而不锁、加而不盟的状态。京东之所以敢号称是"网上沃尔玛"，就是因为完全实现了"连锁+互联网"的经营模式。

实体店的核心竞争力是以店为王。一旦形成了线上线下供应链体系，共用一个配送中心，跟顾客的接口实现O2O"最后一公里"。一个是互联网线上，一个是以店铺为主，这两个商品体系是匹配的，第一是以商品力为中心，我往店里放什么？我研制什么？调研之后确定研发什么产品，或者采购什么产品，采购完了之后在店铺由顾客来选择。第二是以顾客为中心，顾客是移动的，顾客的需求是变化的，以顾客的需求为中心，为顾客组织商品，这样才是天生的匹配。

我们看良品铺子是怎么做到"连锁+互联网"的。据良品铺子总裁杨银芬讲：良品铺子"连锁+互联网"战略是三轮驱动：

1. 线上线下融合：以打通每一个与消费者连通的触点为基准成功布局全渠道，包括门店、本地生活、社交电商、第三方电商平台等。线上销售网络主要由一系列电商平台组成，包括天猫、淘宝、京东及1号店等第三方线上平台，还有自有的B2C网站以及自有的微信商城。目前，良品铺子在多个平台（如京东、微信商城）等的销售都占据第一。线下实体零售门店覆盖湖北、湖南、江西、四川、河南五省，是线下最大的零食连锁企业。

线上线下可以无缝对接，做到就近发货，集中售后服务，化解了电商和传统连锁店的分流矛盾，做到有效融合。而每一个渠道让良品铺子在满足消费者需求的同时，客户也可随时随地、随意享受良品铺子的产品和服务。

2. 互联网技术运用：良品铺子线下支付系统非常成熟与便捷，将门店的信息营运平台与支付宝系统全面打通，一方面，良品铺子的门店店员可以直接进行"扫码枪"付款；另一方面，也实现了顾客资产的数据化。同时耗资5000多万元引入 IBMSAP 大数据系统，成功整合了分布在不同渠道的用户数据和交易信息，实行统一的会员及数据管理；通过线上线下全渠道1000万会员数据融合，建立统一客户视图；同时基于大数据分析获得洞察，实现全渠道会员营销计划统一管理，实现营销事件自动触发机制，初步建立会员生命周期自动化管理。

3. 开放跨界合作：良品铺子一直乐于做行业的尝鲜者和"领头羊"，先后与微信、美团、京东、滴滴打车、韩后等企业展开跨界合作，为消费者带来数不清的新兴购物体验。良品铺子认为，新事物都是消费者乐于迎接的，若不积极迎接，就等于把消费者拒之门外。良品铺子与肯德基、DQ、海底捞、必胜客、哈根达斯等全国 TOP50 家轻餐商户一起，借助天猫及支付宝平台及资源，开展了"惠民"行动，有的甚至低至消费 50 元送 50 元，相当于白吃白送，不少网友惊呼，这么低的价格，这么大的优惠，对用户自然有极强的吸引力。

无论是单纯的零售业，还是新型的人工智能产业，未来"连锁+互联网"已经不是趋势，而是现实。只有好好利用"连锁"和"互联网"这两个工具，并把它们搭配好、使用好，才能在商业大潮中觅得一席之地。

要点 2　先做强做大，才有复制和连锁

很多人一创业，就想要做大做强。对创业者来说，在经验、资金、人才

等方面比较匮乏，从一款产品、一项服务做起比较妥当，从一个行业的一个点做起，扎扎实实地解决用户的痛点，做专做透做精，而不是贪大贪多、高大上，然后逐步发展壮大。

有的人一想到创业，就想做行业的第一，就想做成中国 500 强，就想垄断整个市场，其实，这样的创业思维往往是不容易成功的，除非你是王建林、马云这样要人有人、要钱有钱，还有丰富创业经验的人。因为创业家跟企业家不一样。企业家已经有了财富积累、客户积累和经验积累，他们已经具有了做强做大甚至做成中国 500 强的能力。

创业的关键是要学会生存，只有生存了才有发展的可能，只有企业发展了才能做强做大。所以，创业需要定位，需要从做小而精开始。企业只有聚焦，才能发挥自己的优势，让资源有效利用。不怕千招会，只怕一招精。

"罗马不是一天建成的"，"简单的招式练到极致就是绝招"。这两句话，给我们企业的启发实在深刻：任何一个成功者的"第一桶金"都浸透着他的血汗，所有成功都是用细节堆砌而成的。正所谓"海不择细流，故能成其大；山不拒细壤，方能就其高"。企业营销管理过程中，贪大去小、舍近求远是不可取的，这也是某些企业在竞争中遭淘汰的原因所在。我们都知道，绿色向沙漠蔓延是循序渐进的，如果你突然想在沙漠中种一棵树、一株草什么的，随时都有被沙漠掩埋的可能，永远不会获得成功。只有把基础夯实了，准备工作做充分了，沙漠中的绿洲才有可能实现。企业管理不也是如此吗？

特别是在中国的市场上做企业，中国人口多，面积大，再小的产品只要做专业了，同样可以做成亿万富翁。

老干妈做辣椒酱做成了亿万富翁，谭木匠做梳子做成了亿万富翁。其实，有时经营什么产品不重要，如何经营才重要。

我们常常去国美买电器，一开始我们并不知道它，但因为宣传单上有便宜产品，就去了。后来国美成了大企业，即使有小家电店比它便宜，也还是选择国美，所以说，国美的成功不在于后来的连锁，更多的在于前期做出的品牌。最终奠定行业龙头基础的还是品牌，做卖场和做产品是一样的道理，品牌效应促进卖场运作，有了品牌才能吸引更多有名气的商家。怎样做出品牌呢？就是靠前期做精致、精细，收到口碑宣传，最后才能成为品牌。为什么我们一提到"百年老字号"就觉得用得踏实，感觉好呢？就是因为这些产品从起步一直到发展下来，都是沉淀和积累，而不是一味追求快速扩张。

做酒店的，很多想连锁、想快速扩张，想快点上市从资本市场套点钱回来，结果发现连锁店很多都亏损了。其实，无论是商业地产公司还是什么公司都好，先要规范市场运作、操作标准，建立现代企业制度，有自己一套切合实际的市场运营系统，将现有的项目做精做细。有了生存，才能谈发展，才有连锁可言。

现代零售业经过发展，市场空间逐渐缩小，企业经营同质化。很多不同业态甚至同一业态的企业，在经营中往往市场一致，商品结构雷同，毛利率趋同，消费者没有品牌忠诚度，企业间处于低端的竞争局面。解决的根本在于创新，这已经成为零售行业发展的大趋势。企业必须通过创新营销手段、创新运营管理、创新经营业态等赢得竞争的胜利。

先做强做大然后连锁复制的经营，华为算是成功的典范，其发展历程可以分为三部曲：创业、变革和国际化。

1. 创业：自主研发的灵魂，不为诱惑所动。

华为也是草根出身，"第一桶金"是通过代理中国香港的 HAX 交换机得到的。当时任正非看到交换机市场鱼龙混杂后果断选择了自主研发的道路，推出的第一款产品 HJD48 在价格上优于国外，在质量上优于国内组装品牌，很快便成为爆款，一年销售额便突破了 1 亿元，成为华为腾飞的起点。

华为创业阶段的发展并不顺利，充满了外部的诱惑。20 世纪 90 年代初的深圳正值大变革，股市、楼市接连暴涨，炒股、炒楼让很多人一夜暴富，许多企业家放弃了自己原本从事的实业，开始玩起了资本的游戏。但华为不为所动，反而更集中精力研发技术，成为时代的一股清流，也为自己赢得了宝贵的发展时间。

2. 变革：从混沌到有序。

创业阶段华为采用的是粗放式的发展模式，很大程度上是依靠任正非的直觉和胆识抓住机会。那么从采用 IPD 管理模式开始，华为真正开始了向现代化企业的转型，从人治走向法治。

3. 国际化：中国巨人的进击。

1996 年，华为开始正式筹划国际市场的拓展，与开拓国内市场最初的方针类似，华为从亚洲、非洲、拉丁美洲第三世界国家入手，积累经验；接着攻击北美市场获得市场地位；最后依靠口碑实现对国际市场的全面突破。

在亚洲、非洲、拉丁美洲等国家，华为面临的是已经非常成熟的竞争格局，虽然市场空间很大，但是老牌外资企业都已经划分了势力范围。对此，华为提出了打持久战的方针，做到价格低、服务好、质量优，并且坚持不懈。在 3 年的蛰伏之后，华为在 1999 年亚洲金融危机中等来了机会，抓住了客户普遍追求高投资回报率的心理，凭借比竞争对手低 30% 的价格，拿下了东南亚的大片市场。

如果说做大是为了让企业生存下去，那么做强就是让企业长久生存下去。只有建立在这两个基础上，才能有后面的连锁和复制。

要点3　实体网络才是大未来

关于未来人们总是有很多预测，有人说未来实体店将会消亡，也有人预测电商会穷途末路，事实上，无论哪一种观点，都有些片面。真正的未来应该是实体网络。也就是说，不能把实体和网络割裂来分析。既然我们处在一个移动互联的世界，那么，销售和实体就一定要借这个东风，并能够创新与融合，这才是真正的未来发展方向。

电商与实体店肯定要融合，而实体店将更多地成为体验店，成为品牌灵魂的载体。电商的冲击让实体店铺经营者惶恐不安，这是不可逃避的现实问题。但是，未来的赢家是网络与实体店的融合。

盒马是阿里的新零售一号工程，创造人侯毅说，"盒马模式，是目前最好的新零售案例，也是最值得研究的对象，完全满足了新零售进化三大路径：线上线下融合、零售+体验式消费、零售+产业生态链"。这不是"连锁超市+APP"，而是供应链重构、品类重构、服务重构后诞生的新一代零售业。

体验端，消费者到店，不仅能买到食品原材料和辅料，还有半成品，可以原材料加工现做，还可以 30 分钟到家。盒马鲜生重新定义"家庭厨房"。在线上线下融合端，盒马鲜生比传统生鲜超市多了一个线上购物场景：盒马APP。该 APP 打通支付宝，在线下实体店里顾客扫描每个商品的条形码即完成线上订购，半小时内将送货上门。价值链控制端，开店、采购、销售、配送全链路自营，盒马餐饮做中央厨房。实现了"大型生鲜超市+餐饮+O2O"，是跨界独创模式，也是"实体+网络"的未来。

当然，这些都是创新，一个成熟的品牌和产品在网上卖更有优势，因为它能够解决信赖和体验的问题，但是一个新的产品和品牌更需要通过实体才能更好地展示和推广自己，尤其是有些产品，需要更好的空间、陈列才能更好地体现其价值和魅力。所以新的产品和品牌更需要实体渠道的培育和培养。

未来新的零售模式核心竞争力要体现在两方面：良好的客户体验和高效的运营模式。客户体验关乎价值，包括更多的产品选择、优质的产品设计、舒心的购物环境。运营效率则关乎价格，那些拥有价格优势的零售企业，背后是强悍的供应商管理体系、运营效率及独特的商业模式。

以近年来风靡全球的名创优品为例。作为典型的"实体网络"品牌，名创优品 3 年内在全球 15 个国家开了 1500 家门店，并计划未来在全球 100 多个国家增设 7000 家店铺。这种惊人的扩张速度令传统零售企业大跌眼镜，也吸引了大量的模仿者。

其实，名创优品无非是重新做了一个价值组合，把良好的用户体验和极致的运营效率结合起来。就用户体验而言，其选址集中在商业中心，店面设计与产品设计均保持日式简约风格，很容易令人联想到无印良品。

从运营效率来看，名创优品的供应链管理能力非常强悍，能够做到很低的价格，且明确提出拒绝暴利，很多与无印良品设计相近的产品，价格只有后者的一半。名创优品还重塑了自身商业模式。它不只依靠"低买高卖"赚钱，其主要利润并非来自零售，而是源于金融。名创优品通过庞大的渠道优势，用很低的价格向采购商采购产品，同时给一些现金流紧张的优质企业贷款，利用供应链金融来获得资本利得。

不仅如此，名创优品已经拥有 2000 万移动互联微信粉丝，如果他们有意向做消费者金融，那么起点显然比国内同类金融公司要高得多。零售业其实也是看"脸"的行业，综观那些高人气、高销售额的实体店，无不颜值高、格调足。可见，是创新的环境、氛围、服务，成就了"实体网络"新的零售模式。

还有一个现象，网络销售排名靠前的企业，都是之前线下实体店知名品牌企业，这些品牌靠着企业的规模实力、品牌的知名度，把店铺搬到网络上依然占据着最好的销售。

这种现象很好理解，因为网络销售这十几年在国内的普及，当然已经解决了买卖双方的初级信任问题，但是网络缺少商品的实际体验，所以深层次的信赖感依然是无法完全建立的，也就会产生在网上购买的要么是价格低廉的东西，要么是大品牌的东西。而这种购物心理渐渐产生和形成，也让网络销售产生了其固有的定位和生态系统——网络已经不再是新奇特品牌和商品的发家地，而成为大品牌把销售从实体转到网络的一个渠道。从这个角度讲，网络销售已经定型，并且已经成为传统。

虽然"互联网+"已经是个不争的事实，但实体店拥有自身的资源优势，比如提供场地、实现线下交流等。以往线下实体店是一个单纯的购物场所，其局限在于只是满足消费者体验产品的需求，为的是通过产品体验提升销售转化率。

因此，实体店至少要采用"空间+时间"双店战略，一个是现有的店，另一个是基于时间维度虚拟的店。比如微信朋友圈和微信群，通过社交工具构建一个店。如组建一个 500 人的微信群，运营好这个微信群，24 小时都在线，随时都有可能产生交易，这个虚拟的店在未来可以创造比实体店更大的价值。

除了要有体验和展示产品的功能，现在实体店还应该成为客户与粉丝交流的场所，比如聚会、沙龙和培训。这个时候的实体店是可以深度服务自己用户的，通过挖掘用户价值，把消费者变成消费商，完成战略的转型升级，实现"实体店+互联网+社群"的新模式。双店战略的"实体+互联网"的新零售模式才是实体店的未来。

要点 4　用连锁创新迎接实体红利

随着人们消费模式的转变，阿里的"千县万村农村淘宝"计划、京东的"京东帮、京东派"、苏宁易购等电商大佬们已经把实体店开到了自己的家门口，电商已经不是纯粹的电商，这些才是对我们坚挺到最后的实体店面的最大冲击。传统实体店面的红利已经基本过去，新型实体店面的红利才刚刚开始，大佬放话，"不是实体店不行了，而是你的实体店不行了"，惊醒了多少实体店面的老板进行改革？作为实体店面老板，又该何去何从？是将自己曾经的辉煌坚守到底？还是积极接纳新兴事物，投入互联网发展的浪潮中去？出路到底在何方？

实体企业都迫切想要解决互联网红利的难题。产业互联网对企业的价值将超过消费互联网，而产业互联网的核心是基于产业开展的供应链电商，也就是笔者想说的连锁创新。

比如，如果企业是做苹果产业的，那么种苹果少不了用到化肥，苹果销售少不了纸箱。而提供化肥的少不了制作化肥的原材料，提供纸箱的需要纸以及造纸箱的设备。围绕苹果，供应链是可以上下延伸的。如何整合这一链条，是企业最该思考的。

从互联网发展的角度看，消费互联网市场已趋于饱和，而对资源有充分把控能力的实体企业仍有很大探索空间，实体企业可以尝试将产业与互联网融合，创造全新的增量价值，进而推动互联网行业迈向产业互联网时代。

未来五年内的"风口"将出现在传统行业而不是互联网行业，在快时尚、食品领域将涌现出更好的高品质中国品牌。

放在更大的格局看，其实是互联网行业的超级红利正在消退，越来越多的互联网越做越重；而那些转型成功，掌握了互联网的工具、方法论和价值观的传统企业，正在爆发出勃勃生机。

刘强东说过，风口可能不是在互联网而是在传统行业。比如服装鞋帽行业应该可以做出让中国人喜欢的快时尚品牌；在食品行业，中国的食品安全问题到了令人无法容忍的地步，这个行业未来五年也能够涌现出一批令消费者放心的食品品牌。

想要迎接实体红利，我们就要用到连锁创新思维。

前不久西班牙服装巨头 Zara 创始人超越比尔·盖茨成为全球新首富。他

40 岁创业，资产 800 亿美元，过去十年股价增长了 570%。日本服装巨头优衣库创始人柳井正也是日本首富。这两大品牌在中国攻城略地，开了一家又一家，成功实现了线上与线下的连锁创新，深受年轻人和中产阶级的欢迎，赚得盆满钵溢。

除了这些品牌，其他企业也在纷纷寻找更多的融合与创新。

京东入股永辉超市，彼此结成战略合作伙伴关系，永辉超市的产品、资源等可以全面接入京东，并进一步丰富永辉超市经营业态，形成区域化门店集群规模优势；而京东也可以借永辉超市来尝试线下连锁实体店的电商化。

阿里巴巴与苏宁云商宣布达成战略合作，互相持有对方股份，阿里巴巴和苏宁云商，一个由线上到线下，一个从线下到线上，正是电商与传统零售商融合的最好代表，中国零售业史上金额最大的一桩股权交易也随之诞生。

中信银行与百度发起设立百信银行，开创了"金融+互联网"的全新模式，这次合作是中国首家由互联网公司与传统银行强强联合发起的，互联网公司与金融机构将核心优势进行首度深度对接。

滴滴出行战略入股饿了么，双方将携手共同搭建同城配送体系。双方资源互补，将极大增强彼此的业务侧翼。一方面，外卖为滴滴出行拓展"人"以外的运输场景，丰富出行生态；另一方面，汽车运输也成为饿了么即时配送体系的重要补充，搭建两轮电动车加四轮汽车的"2+4"同城配送网络。

事实上，越来越多的传统产业开始和互联网企业并肩同行。在移动互联网迅猛发展的今天，企业提质增效已经离不开商业模式的创新，"互联网+连锁创新"成为实现经济转型升级的重要力量，必将带动产业的跨界和融合，为实现产业转型升级添砖加瓦，也必然能迎来真正的实体红利时期。

要点5　连锁思维是互联网思维的新发展

马云认为，纯电商时代将要过去，未来没有电子商务，只有线上线下和物流结合的新零售。其实这一波趋势是，前几年"互联网+"的热潮偃旗息鼓，回到了"+互联网"的实质上来。前者是投机主义的生搬硬套，后者才是线上和线下融合的正确打开方式。前者让创业者们疯狂为自己注入互联网的概念，后者让互联网大佬们再一次聚焦线下，抢占市场。

互联网为我们带来了实实在在的便捷，但随着消费的进一步升级，除了单纯购买优质商品外，消费者对体验式消费的需求也在增加。也由此，一个抢占线下的新战场蓄势待发，线下商超、百货和便利店成为香饽饽。而线下商超和百货的连锁经营，就是互联网思维的一种新发展。

什么是连锁思维呢？从消费者角度来说，就是让消费者随时随地、无时无刻都能接受、接触和体验到产品与服务。如消费者可以通过门店、电话、互联网、移动终端、直销、卖场、店中店等多种渠道和方式体验、消费产品和服务。从企业角度来说，全网连锁是规模的扩大、是管理的全面提升、是新技术的全面应用，可随时随地与消费者进行对接、沟通和交流，最大化地捕捉消费者的需求，满足消费者的需求。

全网连锁将传统渠道网、实体连锁网、直销网、互联网、移动互联网……融合为一张立体化大网，打造了一个全网平台，建立了一个立体化网络体系，促使连锁企业在经营上没有了地区、界限之分。并且，在这样一个体系下，消费者的角色发生了转变，消费者不再被动，而是更加主动与积极；企业经营的主体发生了转变，企业的功能也发生了转变，企业不再仅是生产产品，通过各种渠道简单地把产品卖给消费者，而是创建更多的方式和消费者沟通，提供更多更好的体验与服务给消费者。

之前的连锁思维都经历着从单店到多店，再到连锁的发展历程，这样的客观发展规律，从另一方面来看，恰恰是一个思维颠覆和蜕变的过程。每个连锁品牌也都经历着从个人思维，到团队思维，再到平台思维和互联网思维的过程。

对于个体户而言，要想发展前提就是要生意好。通常只有挣到了钱才有开第二家店的勇气和能力，简而言之，个体户的核心思维其实就是生意。相比于个体户，团队连锁的核心思维显然有所转变，团队连锁同样重视生意，但在核心思维上，却从生意转变成了构建标准化。然后，随着互联网思维的发展，构建了标准化还不够，还需要构建更为完善的线下线下融合系统，需要创新和利用"共享经济"。

"共享经济"是一种创新思维模式，举例来说，加盟创业者凭借连锁总部（总店）的品牌效应，可以更快、更轻松地获得更高的收益；总部则借由分部或分店的扩张为品牌再添一道光环，两者相辅相成，都能获得更多的资源，转化为实际的获利。连锁产业的"共享经济"，需要总部和分部共同转变，总部和分部并非主从关系，而是合作伙伴，有经验的连锁总部，知道如何协助分部一起成长，摒弃上对下的加盟管理方式，全力提供活动策划、教材研发、运营辅导等各项资源共享，让双方能专心一致朝共同目标前进，创造更好的运营效益。

无论是连锁思维，还是互联网思维，核心还是必须用心去感受用户的需求。很多企业做不起来，主要原因还是太不了解用户需求。不管做的是线上还是线下的生意，都需要常常走到顾客和潜在顾客中去，了解他们的所思所想、所好所恶、欣喜和恐惧……这样，"连锁搭上互联网思维"才有用武之地。

要点6　老板聚变，事业裂变

　　有人说眼下的经济现实是身逢商业乱世，也有人说，这是一个充满机会的商业社会，是一个充满了无限可能的年代，整个社会充满一种前所未有的热情和动力。尤其是中国的年青一代，创业成了他们当中最时尚的话题。在北京中关村创业街，随处可见指点江山、高谈论阔的年轻人。他们不再做愤青、不再抱怨、不再热衷安稳！项目、合伙、估值、融资、收购、上市成为他们之间最有格调的言谈，请问中国哪一个时代的年轻人有过如此实干的精神？

　　如何在这个充满变数又充满机遇的现实中好好展露身手并能赚钱呢？老板就要有聚变思维。

　　何谓聚变？就是当两个原子被紧紧地挤压在一起并最终融合的时候，就产生了核聚变，形成的这个单一的大原子就会释放出巨大的能量。同理，一个企业内部每个业务部门作为一个独立核算的事业部，当有业务需要跨部门合作时，优势互补，精诚合作，释放巨大能量，形成"1+1>2"的爆炸性势能与效果，并且一切以为客户创造价值为核心。这就是老板的聚变思维。

　　另外，企业发展过程无非就是两个阶段：从0到1和从1到N。从0到1是创业，从1到N就是聚变。

　　企业从0到1最需要雪中送炭者。但当你还没成功时，愿意帮你的人很少。所以，创业必定是一个孤独的过程。而从1到N却只需锦上添花。当你取得一定的成功时，想和你一起成功的人很多！所以无论什么时候，都要坚持！

　　当企业步入从1到N的阶段，你需要强大的资源去扩充，要用资本的力量去撬动庞大的市场,这时就需要融资,融资的过程就是资源共享的过程,也是一个聚变的过程。

因此,在未来,每个人都有自己的资本,并可以进行资本配置,配置产生驱动,无数个资本驱动力组成了社会的原动力,这种力量将在国家的宏观调控之下,配合着社会前进的步伐,构建新的商业文明体系。

老板先有了聚变思维,才能得到事业的裂变。老板的聚变思维会让与他共同合伙的人分享财富、分享权力。一旦大家财富共享的时候,就会出现事业裂变式的发展。

概括来说,就是要留住创业型精英人才,让员工成为公司股东,实现共赢;给年轻人平台,在公司内部搞一场轰轰烈烈的创业实验;建立一种长效的创新机制,使公司基业长青。

同时,新的企业带头人承载了所有股东沉甸甸的期望,一个人人关心的企业自然会生生不息,同时要给员工提供无限上升的空间,优秀的员工就会被吸引而来,普通的员工就会变成优秀员工,很多企业抱怨没有人才,其实是没有吸引人才的制度。

要点7 新零售带来的新连锁

随着新零售时代的到来,从事加盟的连锁企业即将迎来中国发展的十年红利期,因为连锁品牌企业作为一种提供创业平台的模式,在"大众创业、万众创新"的今天,给创业者提供了安全的舞台;消费群体在年轻化、专业化的同时,加盟投资人也同步年轻化、专业化。

同时,随着中国三、四线城市的高速发展,连锁品牌的加盟市场将十分广阔。

所谓新零售，是指线上线下和物流结合在一起，才会产生新零售。线上是指云平台，线下是指销售门店或生产商，新物流消灭库存，减少囤货量。

电子商务平台消失是指，现有的电商平台分散，每个人都有自己的电商平台，不再入驻天猫、京东、亚马逊大型电子商务平台。举例来说：每个人都在电商平台有自己的店铺，集中在平台下进行销售，只能在一块水池里生活，这是很局限的。创建新零售，满足以下需求：域名、云平台、云市场、全域营销。

理解了新零售，连锁很好理解。就是加盟扩张，之前成功的企业案例很多。比如：

连锁便利店品牌7-11具有连锁经营方式；

优衣库，具有供应商管理之道；

无印良品，让人感受强大的商品力。

日本是新零售的代表，也是坚定的维护者。

因为，他们从消费者特性分析，只有20%的顾客乐意单纯的网上购物，高达72%的顾客虽然网购，但会去实体店确认商品。线上线下多渠道购物者购买金额比单渠道顾客购买金额高2倍。网上下单，希望到实体店提货的顾客比例高达70%。约75%的顾客在实体店找到了喜欢的商品，仍会到网上进行确认；72%的顾客在网上找到了中意的商品，也会去实体店做确认或检测。

日本全渠道新零售业具有两个特点：

第一，让零售业越来越向服务业发展。实体店铺很大程度上不再只是买东西的地方，而是消费者"体验的场所"。消费者会期待在实体店铺获得归属感，拥有很好的购物体验。零售业的这种转变是一种本质的回归。

在日本，便利店原本是方便购物的地方，但它却慢慢地演变成了"交流场所"，而为了提升顾客的体验感，越来越多的零售业者动用IT技术，给消费者带来更特别的体验。

第二，全渠道零售业让原本销售商品的企业演变成了提供信息的企业，他们开始使用技术分析了解消费者行为，重新建立与顾客之间的联系，并将信息反馈至生产。

当然，日本线下实体店的特点，也是新零售模式下，国内线下实体店可以借鉴的。

第一，深耕实体，降低成本提升效率与中国线上零售倒逼线下改革不同，日本的实体店在线上零售业发展期间，并未受到强烈冲击。而且线下实体店擅于运用场景化解决方案，通过精细化的供应链管理系统降低成本提高效率。

第二，提升服务，让其具有高附加值。电子商务平台商品琳琅满目，足不出户就能选择到心仪的商品。但是，许多日本消费者还是习惯到实体店采购。日本商家折射的耐心、礼貌、周全、细致入微的服务给消费者带来的体验是线上零售难以企及的。

第三，匠人精神，追求极致品质。日本人注重坚守一门手艺，并且精益求精，在当下市场环境中尤显得难能可贵。小到一碗拉面、一块豆腐、一个寿司……日本人似乎很擅长在小买卖里做出大生意。特别是饮食方面，想要品尝"匠人"的手艺，就必须去实体店。不管是拉面馆，还是寿司店，这些小小的店铺其实都是日本"匠人精神"的载体。

有这些做参照，那么在新零售大行其道的今天，如何做好新连锁模式呢？从本质上说，加盟商是连锁总部的客户。加盟和直营不是一个生意。因为直营的客户是消费者，而加盟是要服务加盟商而不是操控或放任加盟商。服务加盟商的核心目的是为了让加盟商赚钱。

企业的成功加盟经验，应该包括：

1. 坚持体系建设；

2. 持续帮助加盟商解决问题；

3. 总部扶持，并进行周期评估，做到"不托管，不不管"。

一是要结合自身实际情况，找到线上线下（O2O）结合的"交集点"。

就目前从平台角度来说，交集点有 PC 端和移动端两种形式。PC 端的平台以第三方平台为主，如天猫，京东等；移动端以微商城形式为主，微信公众号附带微商城是众多企业现在的做法。

还有一种是企业自行开发平台的，这种模式不仅投入巨大，而且成功率也不高，预算有限的话建议不考虑这个模式。

企业选择交集点要根据自己实际情况来，主要是预算、运营能力、系统能力等。

二是要明确线上平台的目的与作用。

众多实施 O2O 失败的企业、做线上平台的出发点就有问题。它们打造线上是从销售渠道角度来考虑的，不是从与线下实体店结合角度来考虑的，所以失败是必然。一定要明确线上平台的作用，线上平台不是独立的，是要与线下实体店结合的。从功能、设计、运营上都要清楚明白这个目的。

三是要做好总部与加盟商之间的利益分配。

实施 O2O，必然要牵扯到加盟商的配合问题，这就是总部与加盟商的利益分配。现在很多连锁企业的 O2O 是总部自己玩，加盟商不能享有其利益，当然不会配合，并且产生了很多矛盾。

实施 O2O 一定要借助加盟商的力量，只要把加盟商调动起来，才能快速有效地让 O2O 产生价值和成果。

四是要建立一支专业的运营团队。

与线下实体店的自然流量不同，线上要想带来流量和效果，不论是内容还是设计，都需要专业团队，细致策划，线上的竞争其实比线下更大，比的都是专业度。很多企业用运营实体店的人员来运作线上，基本见不到效果，企业也就放弃了，造成大量人力、资金、时间、机会的浪费。

做到这些，才能真正实现新零售、新连锁。

中篇　创业筹资

第三章　创业是个机会要素的组合

要点1　创业九死一生，因为不会整合

　　现在创业成为一种时尚、成为一种必然，许多人都有着创业的梦想，每年都有成千上万的人投入创业的洪流，每年都涌现出不计其数的新创企业。但创业谈何容易，有好项目找不到资金，有资金找不到好项目；有好项目有资金又不知如何开拓市场，而如今招商骗局、创业黑洞比比皆是，使广大创业投资者在创业、投资的道路上举步维艰！商业部的统计表明，个人创业独立开办公司的80%都失败了，只有20%获得了成功。在创业大军中成功者甚少，失败者居多，某些新创企业甚至未见天日就夭折在摇篮里，几乎所有的创业者都跌倒过，只不过有的还能艰难地爬起来，有的从此销声匿迹。这不得不让我们思考：究竟怎么创业才能成功，怎么才能不成为那销声匿迹的大多数呢？

　　我们先要明白，真正的创业是什么？是通过整合资源，捕抓商机，并把商机转化为盈利模式的过程。创业就是一个资源整合的过程，我的资源就是你的需求，你的需求就是他的资源，你整合的资源越多，创业就会越快获得成功。

创业者能否成功地开发出机会，进而推动创业活动向前发展，通常取决于他们掌握和能整合到的资源，以及对资源的利用能力。许多创业者早期所能获取与利用的资源都相当匮乏，而优秀的创业者在创业过程中所体现出的卓越创业技能之一，就是创造性地整合和运用资源，尤其是那种能够创造竞争优势，并带来持续竞争优势的战略资源。

今天这个时代，你缺管理，就直接找个擅长管理的老板合作，你缺技术，就直接找个擅长技术的老板合作，你不懂营销，就直接找个懂营销的老板合作，成功者就是不断在自己的创业团队里加人来弥补自己的不足，不要自己天天在那里瞎研究，这就是资源整合。

有一个连锁店客户非常擅长资源整合：他经常出资同时收购 2~3 家生意不是很好的店，收购后转让掉其中 2 家（有时转让会赔钱），保留 1 家地理位置最好的，然后把其他 2 家店的员工合并到这家店来，这样就不缺员工了；再把那 2 家店的顾客集中到这家店来消费，然后也不缺顾客了。

整合思维就是：你和竞争对手联合起来，成立 1 家公司，你负责技术，他负责管理。那么你省下 3 年来研究管理，他省下 3 年来研究技术。你们一合作，管理和技术都有了，再找一个比较擅长营销的老板来合作，那么技术、管理、营销全部都有了。资源整合，就是创业企业的系统性思维，简单说就是在知彼知己的前提下，对企业内部及外部的人财物进行合理的选择、配置和融合，以提升效能，增加企业价值的过程。企业最核心的资源是人才，所以我们重点要讲创业者为什么要进行人才资源的整合。

做大企业，创业成功的根本在于人才，老板们都已经明白，单打独斗的时代已经过去了，这是一个资源整合抱团合作的年代。一个人想赚 100 万元或 500 万元，靠一个人努力就可能成功，但是如果想赚 2000 万元、3000 万元，实现一个亿的小目标，他靠的是一个团队。从管理上说小团队靠感情，中团队靠制度，大团队靠的是文化。

新创企业有了资源还远远不够，资源不会自动转化为竞争优势，还需要企业运用自身的资源整合能力，将不同来源、不同类型、不同效用的资源科学合理地整合起来，才能形成企业的核心竞争力。

说到资源整合，华为是最典型的代表。对华为成功的案例，无论怎样的赞誉也不为多，但有一点是肯定的，华为对资源的整合，最重要的也是对人才资源的整合，通过企业内部全员持股，让员工捆绑在企业发展的"战车"上。最初华为的员工持股制度，就是任正非与自己的父亲讨论时，从晋商的身股制度得到的启发而制定的。华为 2016 年的营业收入达 5216 亿元，利润 371 亿元，税收贡献超过了 BAT 的总和，累计纳税超过 2000 亿元。人才资源的整合带来的效能如何？华为立下了榜样。

华为通过内部融资持股解决了企业资金发展的瓶颈问题，所有企业的员工形成利益共同体，团队形成了命运共同体，一荣俱荣，一损俱损，组织进化已经达到了最高境界——生命共同体高度。华为是把内部资源整合做到极致的企业。

在生意场上存在两种人，一种叫作手艺人，另一种叫作生意人。

手艺人都是用使力的方法去创造财富。用自己的能力去创造的，都属于手艺人，这种人赚到的社会资源和社会财富是有限的。而生意人呢，就善于借力和整合，一旦运用得好则赚到的财富就多得多。

要点 2　人两脚，钱四脚，学好资本运作

有句俗语："人两脚，钱四脚"，意思是钱有 4 只脚，钱追钱，比人追钱快多了。

在我国中小企业发展的过程中，如何在插上资本的翅膀，实现腾飞的同

时，又能成功避免被资本所"伤害"，这不仅是他们面临的问题，同时也是一门学科；企业创始人在学会资本运作，助力企业发展的同时，还能巩固自身的地位，避免"被逼宫"的困局，这就是"资本论"，这也是中小型企业创始人应该修炼的一门学问。

小米手机其实是典型的依靠"资本运作"成长起来的企业。它会先找到合作方、投资方，告诉他们自己将用全新的方式做手机，然后大家一起来做，在开工之前就拿到了投资，并且组建了一个分工型、协作化的团队。然后它会先告诉消费者自己要做一个什么样的手机：配置是什么、价格是多少。找到了消费者，拿到了订单，再去找工厂做代加工，然后以手机为渠道，不断做深、往外延展。小米用的就是轻资产、精定位、做纵深、高增长的资本运作方式。你会发现，小米背后形成了一条生态链，价值巨大，却又不需要工厂和设备，仅用 5 年时间竟然可以成为中国第四大互联网公司，价值 450 亿美元！这就是典型的"资本运营"，其背后的杠杆作用的力量是巨大的！

反过来，如果小米手机按照传统的"市场思维"去运作，那么过程是这样的：需要一笔启动资金，用于手机市场的调研和产品研发，这个过程需要至少半年。然后再准备一大笔费用去购买设备、建设厂房，接下来开工生产。当产品生产出来之后再去找渠道商，还得砸钱做宣传，努力卖给消费者。如果资金不够了就去银行贷款，进行扩大生产。而传统企业之所以难以为继，症结就在于这种运作思路上，最后资不抵债或者利润率不够还银行的贷款利息！

创业之初，很多人都会面临资金短缺的问题，如果学不会资本运作，那么就会出现经营不下去，现金流断裂的局面。当然，也有的人不惜"砸锅卖铁"去维持。资金方面，如果自己没有，千万别听媒体渲染，卖房子卖车去创业，这些都是不负责任的。你可以找天使投资人，前两年大批上市公司催生出来的富豪，加上传统企业家进入投资互联网，现在的天使投资人很多。

对于好的项目，他们能给一些种子钱和提供场地。别害怕接触投资人，刚开始他们肯定把你批得体无完肤，不会照顾你那可怜的自尊心，天使投资人基本上都是成功人士，他不需要在批评创业者身上刷存在感。他们看过的项目太多了，和你类似的也有。注意他们说为什么你的项目不好，这些信息对你来说是很宝贵的，有些是有启示作用的。汲取精华，改进模式，再去见下一个投资人。

明白了资本运作的思维理念，才能更有效地利用资本。这是一个资本经济时代：未来人人都有自己的资本，资本之间的配置产生驱动，无数个驱动力组成了社会前进的动力，这种力量在国家的宏观调控之下，必将打破已有的市场经济模式，构建新的商业文明体系！

如果我们想在竞争中保持不败的话，资本所起的作用将非常之大。在与很多企业家的沟通中笔者发现，传统行业的企业家，他们说自己不需要钱，为什么要去融资？"我从来没有拿过别人的钱，我自己可以发展。"这是不少民营企业家的想法，这种想法有一定的道理，但得看从哪个角度分析，如果仅从今天生存的角度看，是不需要资本的扶持了。但是企业家的竞争对手跟他想的不太一样，他们会用资本的杠杆跟你竞争。你的挑战不是来自自身，而是来自你的竞争对手。也许不是来自中国的对手，而是来自世界其他地方的对手的挑战。

所以，善用资本，会用资本，才能让自己的企业走得更稳，发展得更快。

要点3　既要利润，也要市值

大部分人认为，办企业做生意当然是为了赚钱，也就是为了利润。"对企业来讲，一直以来都有两个挑战，一个是能不能盈利，一个是除了盈利之外还应该做什么。"

卖一个商品挣一笔钱，售价减去成本是利润。不管是创业还是做生意，忙活半天，为的就是这个最终的利润。这是我们人类社会的最普遍法则之一。但这些都是商品型市场经济里的商业法则。因为商品交易可能已经持续了上万年，盈利是我们价值观中不言而喻的客观真理。但是这不到200年的资本型市场经济，才是把人类社会推向文明繁荣的新晋商业逻辑，却也还没来得及在人类认知中普遍刻入它的价值逻辑。比如，亚马逊经营20多年，利润并不高，甚至很多年都没有盈利。但并不影响亚马逊的股票持续上涨。同样，京东从发展之初直至今天，摊子越来越大，利润也不如其他电商。但依然吸引很多投资人对其青睐有加，股票也在持续上涨。说明什么？有时候企业需要做利润，做估值，更要做市值。

创立于1995年的亚马逊最初不过是一间网络书店，如今一跃成为全球数一数二的电商龙头，难怪连股神沃伦·巴菲特（Warren Buffett）都甘拜下风，直言"当年没有投资亚马逊是太蠢了，没有预料到亚马逊能发展得这么好"。

事实上，诞生了逾20年的亚马逊从未停滞不前，反而一直以"创业者"的姿态谋求发展。该公司除了不断扩大电商业务外，同时还在积极拓展人工智能、云服务等业务。在大家都瞄准电商销售的时候，亚马逊又反其道而行之开设了线下商店，实现了线上线下通吃的局面。

被誉为硅谷"最精明"投资人的Facebook前高管、现在是高科技产业投资人的查马斯·帕里哈皮提亚表示，"亚马逊是世界上最难以置信的公司，它的故事才刚刚开始，仅零售业务的价值就能在未来10年升至1万亿美元，云业务更会升至1.5万亿美元，而亚马逊的估值甚至可能达到3万亿美元！"

从社会角度来看，亚马逊每年上千亿美元的交易额背后，为30多万名员工提供了就业岗位，为全球数亿消费者提供了便宜的商品和服务。这本身就是巨大的社会贡献，有巨大的正向社会价值创造。而这种正向社会价值的产生，会直接影响一个企业的市值，影响人们对这个企业的评价和信心。

追求企业价值的最高层次是社会价值，那就是社会的评价和企业自我评价相一致，不能说自我感觉良好，群众或舆论却都嗤之以鼻，这就不行了。所以，追求社会企业，最核心的一点就是社会评价是良好的，社会认为这个企业的存在，这个企业的发展，对社会有贡献，大家喜欢，就愿意支持你。当然，企业是有价值的，价值评价标准是多样的，多体系的，各种评价体系，但是最中心、最核心的就是市场价值，就是市场对企业的估值和评价。

对公众公司来说，企业价值就是市值，当然绝大多数情况下是对企业利润和存在、发展目标的合理估值，市场价值是对企业价值评估的最合理方式。

我们非常欣赏那些始终坚持自己定位的企业，无论是品牌定位、品质定位还是价格定位，他们才是行业的脊梁，才是行业的未来和行业的希望，才是值得尊敬的企业。

真正值得尊敬的企业，不是发展和扩张最快的企业，也不是规模最大的企业，而是始终如一坚持创造商业价值和社会价值的企业，从始至终有自己底线的企业。它的存在，是行业的幸事，是社会的幸事，也是自己的幸事！

所以，坚持自己的产品价值，坚持自己的商业价值，坚持自己的存在价值，是重要的企业底线和商业底线。办企业不仅要做利润，更要做市值。

要点 4　做事之前，先想用人

中国企业界的教父联想集团创始人柳传志告诫创业者的经典名言，创业要成功就必须牢记"搭班子、定战略、带队伍"九字方针。

现代企业，需要的是少走弯路，而从一开始就走规范化管理道路，因此，创业者在注册公司时就应该组建创业团队。一个好的创业团队对新创企业的成功起着举足轻重的作用。新型风险企业的发展潜力（以及其打破创始人的自有资源限制，从私人投资者和风险资本者那里吸引资本的能力）与企业管理团队的素质之间有着十分紧密的联系。一个喜欢独立奋斗的创业者固然可以谋生，然而一个团队的营造者却能够创建出一个组织或一个公司，而且是一个能够创造重要价值并有收益选择权的公司。创业团队的凝聚力、合作精神、立足长远目标的敬业精神会帮助新创企业度过危难时刻，加快成长步伐。另外，团队成员之间的互补、协调以及与创业者之间的补充和平衡，对新创企业起到了降低管理风险、提高管理水平的作用。

创业是每个职场人士的梦想，小米、阿里巴巴在创业之初也不知道会取得这么大的成就，但它们的成功不是偶然，而是源于一个高效的团队。而创业最重要的就是找到符合团队的人，也需要找到的人认同你，这样的企业将会在市场竞争中劈波斩浪。

选择了正确的团队，就是完成了80%的工作。有了互联网创业思维的企业，不同于传统企业，找到合适的合伙人，一开始组建专业、分工明确、互补明显的创业团队十分重要。拥有产品和领导天赋的乔布斯，在初创苹果公司时，也离不开他的好友、黑客出身的"技术男"沃兹尼克的帮助；而当时的第三名联合创始人韦恩则主要负责行政事务。他们为苹果公司的成功奠定了基础。

比如阿里巴巴，马云带领团队1995年做中国黄页，失败！1997年做网上的中国商品交易市场，算是阿里巴巴雏形，还是失败了！阿里巴巴今天的商业帝国，有大家看到的淘宝、支付宝和天猫等明星产品，其实最有价值的是背后的团队，尤其是马云和他的18位联合创始人。

所以，创业做老板的首先要负责把整个班子团队搭好，比如，当初创业小米的合伙人班子就是各管一块，既是员工又是合伙人，如果没有什么事情的话，基本上都不知道彼此在干什么，也不会管彼此。大家都是自己的事情自己说了算，这样保证了整个决策非常快。

搭建一个好的创业班子不容易，离不开对员工的激励，让大家看到跟着你有未来、有愿景。团队的激励离不开让员工感觉"舒服"，员工怎么才能感觉舒服呢？除了人性化的管理和待遇上的充足供给，还有就是不给员工太多束缚，尤其在人文关怀上做到让团队成员不觉得别扭。最根本来讲，我们做企业的管理者，能不能真的把姿态放得更低一点，去跟员工打成一片，听听他们到底想怎样，怎么给予他们参与感、成就感，怎么给予他们足够的激励。无外乎就是让员工感觉自在舒服，员工一旦有了这样的体会，就会自我燃烧。

雷军创办小米的时候，心态很平和、很开放。他已经做了 20 年企业，早已功成名就，有名有钱。雷军做小米之前，也是中国最著名的天使投资人之一，不缺钱不缺名。不管大家相不相信，他做小米是梦想驱动的，就是他想做一个足够伟大的公司，一件足够伟大的事情。所以在这种时候，从合伙人到核心员工，都给了足够的利益保证、授权和尊重。合伙人、核心员工一进来他就讲明白，把很多事情都摆在桌面上。今天人才竞争这么激烈，没有足够的利益驱动，纯粹讲兄弟感情的话，其实很难。

创业团队，有不同于成熟团队的地方，创业团队人员精干，以一挡二，创业团队，没有过多的上级跟下级，强调的是为了共同目标共同奋斗的阶级战友，创业团队需要能多思，解决问题，独当一面，对员工有极强的引导力和说服力，并时刻以身作则，带领员工疯狂工作。这个人，必须是激进的，必须是辛苦的，必须是极具精神影响力和个人魅力的。

更要有进取心、使命感，一颗坚韧的心。创业团队领导，要比一般主管和员工有更强烈的进取心，要向狼一样扑向自己的目标，要有强烈的使命感。领导 100，员工 80，领导 120，员工自然也就提高到 100。面对挫折和考验，要有一颗坚韧的心，顽强坚持，认同自己选择的事业，并帮助员工认同，不见棺材不掉泪，不见黄河不死心。

创业团队没有太多培养人的时间成本。创业团队要发展快，必须多吃快跑，同样的事情，要比别人用更多的时间去完成，敌人日行五百，我们则日行一千。这就注定了创业团队要求个人的适应能力要强，初创阶段，我们没有时间允许主管去带领团队尝试，慢慢改进，逐步学习、适应、提高、成熟，团队允许，而创业团队不允许。创业团队要真刀真枪上战场，个个都要拿出勇气与激情，这样才能成为一支精锐的团队。

第四章 做正确事，正确做事

技巧 1　选一个互联网名字

在创业前期，首先要做的很重要的一件事就是为你的公司命名，好的名字能够更快且更低成本地打开市场，让人记住，最终成为一个强势品牌，名字起好很重要。

一个好名字，决定了创业能走多远。具有概括力与吸引力的公司名，对消费者影响至关重要。名字的好坏关系到能否快速引起消费者的关注，是影响创业成功与否的重要因素。

任何一家公司的创始人对自己的产品，都有些孩子般的情怀，取名字应该都是经过深思熟虑的。移动互联网时代，所有营销的终极状态都是口碑传播，好名字，是口碑传播的起点。有人说过，取名的本质需求就是：降低传播成本。降低传播成本其实包括两个方面，一个是降低认知成本，就是一眼要看懂；另一个就是降低扩散成本，就是看一眼就记住，而且乐于介绍给别人。

一个好的名字先要读起来顺，比如，响当当，房多多，滴滴打车，运用叠字，是个妙招，环顾四周，越来越多移动互联网品牌在使用叠字。只听名字就能猜出它是干什么的，比如麦包包，就是卖包包的，好名字。

好名字会让消费者一见钟情。现在是泛娱乐化时代，年轻人愿意主动晒好玩的东西，产品名字要主动给他们创造素材。炸鸡品牌"叫了个鸡"就是如此。一个特讨巧的名字，能让用户主动传播。前期几乎不用花钱做推广，就是靠着名字好玩、产品好吃火起来。

起名字的另一个核心意义就是制造话题。好名字兼具话题性和自传播性，会让人想要讨论你，主动帮你传播。比如老罗的"锤子手机"。"锤子"一词就非常有话题和故事，相信会说四川话的人都明白。还有一家新媒体营销公司叫"你说的都对"，Slogan 是"我们再想想"，官网是"看对眼"，最好玩的是他们的 CEO 叫"大队长"，名片是三道杠。定位创意和服务都最好的新媒体营销公司，这个名字很巧的地方是大家都知道甲乙的关系历来都有很多摩擦，他们巧妙化解了一些不必要的矛盾，降低彼此的防御心理，更融洽沟通，只有沟通顺畅才能产生好创意！但是这家公司之前不叫这个名字，之前叫"牛奶树"，改名之后提案成功率大幅提升，很多甲方觉得他们有莫名的喜感，就想见见这个团队，天然地觉得他们很有创意。"你说的都对"大队长说帮别人做营销一定要先会营销自己，所以毅然换了公司名字。

由此可见，起好一个名字，无论是对于营销还是传播都能起到事半功倍的作用。那么，具体到起名字上，还要注意几点：

第一，一定要简短好记。很多品牌都是以这样的方式命名，尽可能使用较少的字数，比如，陌陌、QQ、YY，都只用到 1 个单字。老牌的互联网公司给出了很好的示范，百度、搜狐、新浪、微软、雅虎。虽然国外的公司有些是音译有些是直译但都是尽量缩短字数，如 Facebook 叫脸书不会用四个字的音译，Uber 则没有完全的音译，而是很符合自己行业特征地变了一下发音叫作"优步"。

第二，要有辨识度，不要用有歧义的字或者多音字、生僻字。不要为了新奇特故意制造让大家看不懂或不会认的字，一旦遇到这样的标识或名字，大家不但没有好感，反而会给传播带来难题。中国的汉字多音多义字比较多，尽量要规避使用能引起误读的字。比如，有家广告公司叫"派瑞威行"，至今笔者也没弄清楚到底是 hang 还是 xing，美国"大行"自行车，到底是"da hang"还是"da xing"。在这方面也有技巧，比如北京的"便宜坊烤鸭"在使用多音多义字方面就很巧妙，既能体现出 pianyi 价格上的实惠，又能体现出 bian yi 上菜上得快捷，但同比"大鸭梨烤鸭"和"全聚德烤鸭"来说，口碑传播效应明显低很多。所以，在使用多音多义字方面一定要慎重再慎重，没有十足把握一定不能轻易用。

第三，名字的合法性与输入体验，先要确定名字是否被注册。然后要注意打字输入的时候是否容易输入，罗辑思维罗胖子就比较后悔没有用"逻辑"二字，在日常输入过程中大家就经常把两个字给弄混，哇哈哈跟娃哈哈两个字大家也经常输入错误，虽然已经是一个家喻户晓的品牌了。

第四，起名最好能让人自带联想功能。看到名字就会想到名字背后的意义。比如，"今日头条"给人的第一感觉就像是囊括了当天所有的新闻头条，可以快速享受到最优质的内容。事实上，它只是一个名字叫作"今日头条"的新闻客户端而已。但是大家用了一段时间后，跟其他新闻客户端对比之后发现，"今日头条"推送的内容是很精准的，它的算法很好，跟别家不一样，于是就成了一个大家都喜欢用的 APP。用名字吸引用户，再用精良的内容和体验留住用户，这就是名字和产品的完美配合。再比如，你还要去网上搜一下你起的名字，因为今天我们看到一个新东西，第一步一般都是搜索一下，所以你要看看你取的名字能不能很快搜出来，排在第几页。而且还要看看好不好搜，因为搜索的时候要打字，所以名字最好不要用那种输入法翻好几页才能翻到的字。

总之，给产品取名字，除了取名本身，也是一个前期产品规划、明确方向的过程，对创业定方向也是有帮助的。在取名的过程中，需要不断地平衡和取舍，这也是商业魅力的所在。

技巧2 用一句话解决用户痛点

有一天，一个财主到夜市去购买夜壶，他看到了一款比较满意的产品，但因体积太大而犹豫不决，店小二唧唧呱呱讲了一大堆设计好、产品品质一流等，财主还是无动于衷。正准备离去，这时，一旁默不作声的店老板说了一句："冬天，夜长啊……"而且把"啊"字拉长了些。财主顿了一下，回过头来就立马购买了。

在挖掘用户的痛点、满足用户的本质需求上，店员的洞察力和老板就是不一样！产品需要做的就是要深谙用户痛点，然后用一句精准的话解决用户的痛点就 OK。

什么叫痛点？笔者觉得可以持续的有价值的东西才叫痛点，而不是掐你胳膊一下让你疼了的地方，那叫疼点；痒点是激发起消费者心中的"想要"，让他一看到、一听说你这样的产品，心里就痒痒的，就特别有兴趣，特别向往；卖点是能给客户带来刺激、产生快感的兴奋点。

痛点的本质，是用户未被满足的刚性需求。投资人为什么喜欢问这句话？是因为他们想要创业者想清楚：自己能给用户带来什么价值，能满足用户哪些最强烈的刚性需求。比如最近几年特别火的"怕上火喝王老吉"，这句广告挖了中国人普遍的痛——上火。

胃疼、胃酸、胃胀，是不是一个急待解决的问题？如果胃有问题，你还能喜笑颜开吗？你还能正常生活吗？你还能正常工作吗？你面临的只能是痛苦！因此，你迫切需要解决这个问题："胃疼、胃酸、胃胀，就用斯达舒！"

很遗憾的是，后来，斯达舒把如此高效有力的广告语改成了："良心的药，放心的药"，于是慢慢淡出了消费者的认知视野。因为，这句话没有直指消费者的问题，也就是没有直达消费者的痛点！

孩子成绩不好最担心的人是谁？当然是父母，尤其是妈妈。所以，步步高点读机，"so easy，妈妈再也不用担心我的学习"，抓住了妈妈担心孩子学习成绩提不上去这一痛点，只要想到这一句，就会让家长动心，想要尝试去买一台点读机。

以上这些案例，就是用一句话解决用户痛点。除了用一句话，文案还可以挖掘更深层的用户痛点，比如，救猫咪 APP。

"救猫咪"一词来源于好莱坞编剧，所谓的"救猫咪"场景是指：为了让主人公具有吸引观众的特质，给主人公安排一些帮助他人的场景，哪怕是很小的一个场景，比如，救一只猫咪。通过这一举动，让观众觉得主人公有血有肉，而不是一个冷冰冰的英雄或毫无人性的坏蛋，也容易喜欢上他。

文案大师可以通过洞察力捕捉到受众心底的需求，通过制造一个"救猫咪"的场景，打动受众并让他们产生预期中的反应。运用情感联系，抓住人们的情感和兴趣，尊重了受众的个性，是"救猫咪"思维成功运用的关键。

那么，在解决用户痛点的时候，需要考虑哪些因素呢？

首先，要弄清楚产品的定位，找到用户的痛点，看你能不能满足这个痛点。比如说，送花是个社交行为，送花的目的，是为了拉近两个人之间的距离，花就是个载体。如果你从花这个实体产品中找痛点，就走偏了。从这一点出发，有一个高端玫瑰品牌就做得很好，买花必须登记双方的身份证号，意思是买的人你想好了，如果你这辈子要送我们的玫瑰，就只能送给你登记的这个人，抓的痛点就是对爱的承诺。这个花店的名字叫"Rose only"，宣传语是"一生只送一人"。这个文案宣传语就抓住了人们对于爱情笃定、坚贞的一种向往，一生只送一人，既浪漫又饱含深情，用户买花的同时更是一种誓言和表白。

其次，要深入调查消费者真正的需求，做到满足消费需求的同时，站在消费者的立场考虑问题。360安全卫士为什么能成为互联网安全领域的龙头老大？不仅是因为他的免费盈利模式，更关键的原因是，他很明确地解决并维护了"电脑安全"的问题。一个"安全"胜过 N 个"杀毒"！这不正是消费者真正想要解决的吗？从根本上解决了安全的问题，杀毒不就成了附带了吗？

一句话，解决客户痛点需要内功，也需要团队的群策群力，不是简简单单说出一句话就能解决客户痛苦，需要不断学习和精进以及提升公司文案和策划的能力才能做出一鸣惊人的文案效果。

技巧3　为品牌喊一句响亮的口号

品牌是企业的灵魂，而表达品牌最直接的方式莫过于广告语/标语。简单而精妙，朗朗上口而不落俗套都是成为顶级流行广告语的必备条件。

让你的品牌更出彩的文案必须是简洁的，冗长只会让顾客丧失兴趣，唯有字句之间形成强烈品牌印象，才算是好的文案。对于广告语，这句话同样适用。

有一家房产开发公司新推出一个楼盘，为了征集一句符合公司诉求和情怀的广告语，竟然以"一套房"作为酬谢。各路广告文案纷纷参与广告语的征集活动。有一句话吸引了该房产商的眼球，这句话就是"家，是放心的地方"。该楼盘推出时，这句话成了最大的亮点，既温情又彰显了房产商的情怀。这句广告语被采用，房产开发公司履行诺言以一套现房为酬谢。

可见，设计一句重要的话，对于一个公司的对外形象展示和营销都能起到关键的作用，这就是公司文案带来的广告效应。

文案的价值是什么？就是帮公司传达你想传达的意思，帮你实现你想实现的目标。它只是营销元素中的一个，既不特殊，也不渺小，它和所有营销元素一样，实现企业和品牌的营销目标。所有好的文案都是给产品加分，所有坏的文案都是阻碍消费者了解产品，让消费者失去兴趣。比如，2016 年创立的响当当广告连锁品牌，"做广告，就要响当当"这个口号，就能起到很好的心理暗示以及传播作用，一个好的意头！也让我们仅一年就发展了 150家加盟连锁店。

"叫个鸭子"这个名字，在这个互联网餐饮品牌的品牌价值中，可能占了 1/3 的分量。

"我们只是大自然的搬运工"这个口号，并不是一句单纯的文案，而是帮助农夫在众多水产品中进行定位，所以康师傅、乐百氏、娃哈哈、可口可乐出的水是没有区别的，只有农夫山泉在你的意识中形成独特定位。最初使用"农夫山泉有点儿甜"就是一个很成功的广告语，虽然后来引起争议不再使用，对于企业宣传文案来说，已经成功了 80%。

"看病人，送初元"这个口号，是个心理洗脑式的文案，每个人多少会觉得它不好，但是只要听过，就会潜移默化地受这个观点的影响，当你去看病人的时候，就会产生作用。

"有问题，百度一下"这个口号，不仅易记，更能形成一种情景推荐，当别人不明白一个问题时，你会脱口而出给他这个答案。这是文案帮你制造的一个传播工具。

"不是所有的牛奶都叫特仑苏"，只此一句就把特仑苏牛奶独特、高端的品质告诉了消费者。

"钻石恒久远，一颗永流传。"在"坚硬、耐久、适合长期保存"这些特性上钻石相比宝石、玛瑙、翡翠、珍珠等珠宝更具优势，突出这些优势，打击了其他珠宝。戴比尔斯内部员工一听，原来我们开采、加工这些石头这么有价值，钻石越来越受欢迎，每个女人都想要钻戒，而非绿宝石戒指。这句广告语不但能打动女人的心，也能打动男人的心，求婚的时候，男人就要乖乖地准备好钻戒，女人戴上钻戒后还会满心欢喜地展示给闺蜜看，然后闺蜜开玩笑地说："呦，钻戒啊，钻石恒久远，一颗永流传嘛。"

"只溶在口，不溶在手。"——M & M 巧克力糖。

打击了那些容易溶化的巧克力糖，突出了 M & M 巧克力糖与竞品的不同。同时，当顾客问 M & M 巧克力糖销售员，你们和其他牌子有什么不一样的时候，她可以回答我们的巧克力有一层糖衣，只有含在口里才会融化，而不像其他牌子拿在手里就融化，弄得又黏又脏，我们的巧克力就是好。客户一听，当然不要又黏又脏的巧克力，就选 M & M 巧克力糖了。

这些公司和产品都是靠一句"漂亮的口号"让人们耳熟能详的。我们看到的所谓文案或口号，并不是单纯的口号，有些是定位，有些是心理研究，有些是战略，更高级的文案早就脱离了文字和表达技巧的层面，而去探究营销的原理和广告的本质。

所以，喊好口号是一件相当有分量的事。广告语的本质其实很简单，就四个字——战斗口号！现在的市场环境已经从竞争演化成为战争，商场如战场，而广告语就是品牌的战斗口号。通过这个战斗口号，可以内聚人心，外震敌胆，夺得胜利！

口号的威力当然要借重诉求方法才能得以实现。诉求方法和诉求技巧可以有很多种，但并无好坏之分，全在于广告创意者和文案手如何运用，运用得是否得当。正所谓"兵器不分高下，威力全在心法"。

在文案的写作过程中，需要针对不同的产品、不同的诉求对象运用不同的广告诉求手法。在不断寻找有效的说服途径的过程中，针对消费者认知和情感投入的差异，广告发展出理性、感性和情理结合三种最主要的诉求手法。

广告使用的手法应该视消费者在消费不同产品时的理性和情感投入程度而定。理性诉求可以以多种方式传达具体信息、进行观念说服；感性诉求则可以充分挖掘与消费行为相关的多种情感与情绪。

技巧4　做个调查，听用户表达

有一家企业，产品的用户体验一直很不错，人们向其取经，是怎样做到的？他说我们每次都要邀请很多人来一起体验！和大家一起玩，一起吐槽，一起找茬。

用户的使用感受是最直接的反馈，可以在产品上市后，进行一个简单的用户调查活动，比如经过简单的产品介绍后，到场的用户、设计师以及创客达人分为几组，就某一款产品进行使用痛点的交流及使用感受的分享。如果有小组主持人的话，可以进行简单的引导，用户交流的气氛就会活跃起来。那么，对于产品的合用心得和体会就会都说出来。比如，为什么会选择购买这一款产品？购买时更加注重哪些元素？每个人都有不同于旁人的见解，大家你一句我一句，企业就会收到很多有意义的反馈，根据反馈然后就能对产品做出更好的调整和改进。

在用户表达的同时，企业就掌握了用户的需求。

所谓的需求，就是要创业者知道，如何能在产品和服务推向市场之前，就确认顾客会不会买账呢？为了回答这个问题，需要先回答另一个问题：为什么人们会买账？这里有两个最基础的答案，人们通常把钱花在两件事上：把钱花在对抗痛苦上和把钱花在追求享乐上。

一个人或者一个企业在每一次销售过程中，包括所有人类的思想及行动，无论在意识或潜意识上，都受到两个因素的控制，那就是追求快乐的欲望、逃避痛苦的动力。我们归纳为追求快乐和逃离痛苦。

一个人要产生购买冲动只有两个关键，即追求快乐与逃避痛苦，其中痛苦的影响力要比快乐的影响力至少大 3 万倍以上。头脑在对这些快乐或痛苦的程度做比较判断时，通常会倾向于逃避痛苦，也就是说，若有痛苦产生，则认为逃避痛苦者优先。这也是销售切入的关键点。所以，这就告诉创业者一个颠扑不破的真理：给予快乐创造生意，解决痛苦缔造事业。

海尔公司最著名的案例就是发现很多农村顾客的海尔洗衣机常常出毛病，其中主要原因是不少农民用洗衣机来洗土豆，土豆上的泥沙使洗衣机损坏。如果是一般的企业，就会特别声明，农民家里洗衣机的损坏与本公司无关，是农民使用不当造成的。但海尔公司不这样做，他们从农民兄弟的实际需要出发，认为农民在洗土豆上存在需求和痛点，专门设计了一种洗土豆也不易损坏的洗衣机，甚至后来还设计了洗土豆机来满足农民顾客的需要。正是这种想顾客所想，把替顾客排忧解难放在首位的企业文化使海尔迅速占领了广大的农村市场，同时也赚到了大钱。事情还远不止于此，由于海尔洗衣机在广大农村赢得了农民顾客的心，随后海尔电冰箱、海尔电视机等家电产品在农村都十分畅销。

所以，想要找到客户的真正需求，就要听到客户的心声，解决用户需求，不意味着复杂。抓住用户的这个痛点，用最极致、最低成本的方法帮助用户解决问题。有时就一个点，就可以让您的产品具有爆发性。

有了以上认识，还要把握当下的创业趋势，也就是移动互联网时代的用户需求。

作为企业要懂得发现用户所需，倾听用户声音，把用户所需融入自己的产品设计，不断提升产品价值以适应用户需求。企业生产什么样的产品，不是只由产品设计者或者生产者自己决定，也要听从用户的想法。

用户即为某一种技术、产品、服务的使用者，一款爆品是否会引爆市场，需要用户捧场，得用户者得天下。尤其是随着互联网的迅速发展，信息技术创新更加意识到用户的重要性，以用户为中心、用户需求、用户体验、用户参与等问题得到越来越多企业的重视。

　　传统营销时代，企业理念多为"得渠道者得天下"，如今已经到了"得用户者得天下"的时代。企业聚焦用户、发展用户，借助用户的力量提高销售业绩和口碑宣传、品牌建设。以良好的消费者体验增加消费者的信赖感。通过用户反馈，追踪消费者的需求及痛点，企业的反应也将更加迅速。

第五章 打造一支优秀团队

重点1 究竟需要打造一支怎样的团队

　　一个人若想成功，要么组建一支团队，要么加入一支团队！在这个瞬息万变的世界，单打独斗者，路只会越走越窄，选择志同道合的伙伴，就是选择了成功。有句话说得好：用梦想去组建一支团队，用团队去实现一个梦想。一个人是谁并不重要，重要的是他站在那里的时候，他身后站着的是一群什么样的人！

　　成功需要实力坚强的团队，因为平庸的团队只会产生平庸的结果。将团队打造成一支卓越的队伍，让它发挥出最大的效用，是销售成功的关键。优秀的企业之所以优秀，就是因为认识到了这一点，有梦想的企业，始终都在追求建设一支高效的销售团队。

　　说到高绩效团队，唐僧师徒四人的取经团队，堪称一个高效团队的楷模。他们每个人单独存在的时候要么是普通僧人，要么是妖魔鬼怪，但凑在一起，就能历经九九八十一难取得真经修成正果。师徒四人凑成了一支高绩效的团队，他们无一可替代，那么问题来了，他们各自代表着高绩效团队的什么要素，才让团队高效呢？

唐僧，虽然看似手无缚鸡之力，站不能担，行不能挑，但却是总领导，因为他内心有强烈的目标感，无论遇到什么妖魔鬼怪，不怕道阻且长，内心的求取真经的目标让他永不退缩。

一个公司的领头人，最重要的素质就是，需要具备强烈的目标感。如果一个领头人因为目标完成情况不太好而经常睡不好觉，明显是个好领导；反之，目标完成得不太好，不但不着急，甚至还带头抱怨，那就是不称职的领导。

当团队绩效不高的时候，管理者最爱提的就是，如何激励员工，在很多管理者心目中，只要员工有积极性，好像一切就都不是问题了。但是如果组织的流程是混乱的，制度是不健全的，员工的积极性一方面无法为组织的目标服务，所谓越帮越忙；另一方面，当员工十分积极地去做事但因为流程混乱增加了完成目标的困难性，或者制度的不合理导致考核的不公平，那么积极性很快便会消失。另外，在团队中，有效的领导也至关重要。

孙悟空，能征善战，勇于担责，在团队里起到定海神针的作用。大师兄在大家就有饭吃，有信心一路向西。一个团队里，像孙悟空这样的角色，一定是业务能力超强，团队如果是 5 个人左右的配置，一定要有 1~2 个像孙悟空一样的人，不管什么情况，都会有基本的业绩保障。孙悟空代表一个团队的能力，团队要配备三种不同技能的人：一是专业人士；二是善于发现问题和决策的人士；三是能解决冲突、融合人际关系的人士。这三种技能人员的合理搭配极其重要，缺失任何一类技能的人员，团队的绩效都会受损。另外，特别值得一提的是，在能力之外，团队成员的"人格特点"也会影响团队绩效。在大量研究当中，人格影响个人行为，个人行为最终影响团队行为。那么什么样的人格对团队绩效有帮助呢，简单来说，喜欢和人相处、愿意和他人合作、热情，负责任，能承受压力，对新鲜事物保持兴趣等人格都是有助于团队绩效得高分的。

猪八戒，表面上这样的人一无是处，还爱搬弄是非，事实上是一个团队的开心果。优秀的团队是需要组合的，要做出优秀的成绩同样需要组合。团队的价值在于，彼此的互补与促进，不能不说八戒对悟空的"业绩"是没有促进的。如果团队成员中，有一个像猪八戒一样的开心果，那是再幸福不过的事情了。

沙僧，一路西行，挑重担的苦差事全是他干，这是其一。其二，他还是能够调解大师兄和二师兄之间矛盾的润滑剂，一个团队里需要有精英，需要开心果，也需要和事佬。

取经团队值得效仿，但这个团队能够一路风雨向西，有赖于观音菩萨给予的约束（每个人都是观音点化，保护唐僧西行，才能修成正果，化解苦难）以及遭遇麻烦后有菩萨来帮助降妖除魔。一个创业公司，也需要保障才能顺利运营，那就是简洁高效的制度。

首先，制定一套行之有效的制度。制度的作用就是让员工按照规定的要求和流程高效地处理各自的工作。任何一项任务、流程，都应该由谁做、怎么做、做到什么程度等相关问题在制度上加以明确，分清责任，理顺程序，能简则简，务求实效，这样才能提高办事效率，提高执行力。否则，冗繁的制度流程只会阻碍高效执行。

其次，营造企业文化。企业文化是一种氛围、是一种环境，更是一种准则。导向正确的企业文化是提高执行力的基础。企业由职责不同的众多部门组成，各个部门又是由不同分工的员工构成。只要有了导向正确的企业文化，每个员工的目标才可能都一致，也才可能做到讲求速度、崇尚行动、团队协作、有责任心、拒绝无作为、相互尊重、相互鼓励、乐于分享、共同成长。

再次，对员工的科学激励措施。企业在提高执行力的同时，要特别注重对员工的激励。激励就是动力，有了好的激励措施，员工才会自发提高执行力。如果没有激励，则员工后劲不足、有始无终。建立公正、科学的激励措施至少应该做到：奖要立刻奖，不拖欠、不克扣；罚要立刻罚，不心慈、不手软，奖罚分明才是真正的执行力。一项激励措施一旦制定，就要一以贯之地执行下去，不要开始时大张旗鼓、轰轰烈烈，后来避而不谈、不了了之，这本身就不符合执行力的要求。

最后，用人要用其短处，善用弱项。用其短并不是指刻意用人的短处，而是指在包容下属短处的同时，尽量挖掘发现其长处。因为能力性格皆全面的人实属凤毛麟角，而且这样的人往往职业野心也比较大，创业公司恐怕很难留住。在创业阶段，公司的基层员工普遍能力有限，做事难免不够好甚至出错，这个时候创业者和管理层为了跟时间赛跑，往往会选择自己把员工干不好的事给干了，或者恨不得手把手带着做。这样做的结果就是治标不治本，创业者和管理层整天疲于奔命当救火队员，团队却带不起来，组织也建立不起来。

世上最困难的就是把一件你很拿手的工作交给不如你的人，再眼睁睁地看着他把事情搞砸，而你却还不得不心平气和地过度干涉，让他从经历中吸取教训，那是培养人。而世界上最容易的就是把一件你很拿手的工作交给不如你的人，再手把手地教他把事情做对，永远不给他犯错的机会，那不是培养人，而是锻炼你自己。

永远牢记，不论你有多么成功，请将你所有的收获与荣耀归功于你的团队，这是一种领导艺术也好，是激励团队成员也好，一个人能想明白这些，一定是个好的团队建设者和领头人。

重点2　办事人、谋事人、融资人、渠道人

优秀的团队一定会有明确的方向，这个方向一定是能帮助团队发展的，

一定是能被团队每个成员认可的，方向不能像目标一样，一定要定得大、定得远，不然中途很可能就拐弯了，走岔了。方向可能不会实现，但是它能让团队每个成员都走在同样的路上，而且是正确的道路，至于能走多远，那得看团队本事，有方向，团队才能指哪打哪，不会像没头苍蝇一样乱窜。

如果一群人身怀绝技，却摩擦不断，互相看不顺眼，互相使绊子，他们能组成一个优秀的团队吗？能干大事的团队内部会有摩擦、争吵，但这一定是因为工作、业务和团队发展进行的争吵，争出一个结果后继续携手努力。哪怕和人看不对眼，也会把工作和私人生活有序分开，工作中劲往一块使，团结一致共同为团队的未来奋斗。

真正做到这样，需要团队里不同人员之间的协作，而且要把不同能力和远见的人放在不同的位置。比如，有的员工只能是办事人，领导交代的事情他能办得妥帖，自己本身不具备高瞻远瞩的能力，这样的人属于接受指令并执行指令的人。还有一种人，则是为企业谋划未来，想得更远一步的人，我们权且称这样的人为谋事人。

谋事的人通常具有高度责任心，同时具备主人思维，愿当岗位主人翁，这样的思维是事业成功的基础。一个人能不能成功，关键在于他能不能主动，政治家、企业家的一个共同特点就是凡是做得顺利的人都特别积极，特别主动。

有一个老板看到员工小邱在摆弄电线就问："你在干什么？"他说："我前几天发现电线冒火花了，昨天夜里下雨，我担心会失火，一看果真火花四射，就赶快剪断电线，生怕着火。今天早上天气晴了，我赶快把电线接起来，保证工厂的运行。"老板当时什么也没说，到了财务室才说："会计，过来，把那个电工给我开了，给外面修电线的小邱涨薪。"小邱不是电工，但他愿意承担责任，还有主人翁的意识，从此以后小邱成为最受器重和倚重的人物了，以后无论什么重大事情，都是让他干。这个员工不但具备办事人的特质，更具备谋事人的特质。他已经用主人翁的意识提前把可能出现的问题和危险掐灭在萌芽状态，企业里谋事人更应放在开拓性的岗位上。

办事人有一种思维，认为老板给多少钱我就干多少活。谋事人，则认为想赚多少钱我就先干多少活。除了办事人和谋事人，一个团队里还有更重要的两种人，一种是融资人，另一种是渠道人。融资人是为企业拉赞助找钱的人，渠道人则是为企业的产品拓宽销量的人。这两种人可谓团队里的左膀右臂，两大护卫。

初创企业最大的难题就是要扩张融资和拓宽渠道，团队里能够胜任扩张融资和拓宽渠道的人，才是企业的核心。

通常这样的人对企业所从事的投资项目和内容非常清楚，并且在融资之前能够高度重视和充分准备，一般这样的人具备沟通能力和融资资源。在帮助企业融资和拓展渠道方面具有一般人无法比拟的优势。团队需要这样的人才，也要积极利用这样的优势，才能摆脱资金短缺周转不灵的困境。

乔布斯说过一句很有震撼力的话："我过去常常认为一位出色的人才能顶2名平庸的员工，现在我认为能顶50名。我大约把1/4的时间用于招募人才。"乔布斯一生参与过对5000多人的招聘，找到了一流的设计师、工程师和管理人员，并组建成"A级小组"，这个小组一直是乔布斯最核心的团队。

一个团队需要办事人，需要谋事人，更需要有融资人和渠道人，这样一来，分工明确，联合作战，才能所向披靡。

重点3　找合伙人，还是投资人

一个企业需要的不仅是高管，还需要真正的事业合伙人、创业合伙人。青春励志电影《中国合伙人》之所以引起很多人的共鸣，就是因为真实反映了创业之初合伙人的种种利弊，直抵人心。

电影传达了一个观点：不管做什么事情，在没赚到什么钱或者没做大之前，除了付出汗水就是不断努力，基本不会出现什么内部矛盾。当然如果做大了，每个人都会有不同的想法。在电影里三个人对"新梦想"这个培训机构都有不同的发展憧憬，由此产生了一系列问题和内部矛盾，最后各奔东西。电影里的台词"千万不要和最好的朋友创业"，现实中也是如此，利益不均导致朋友反目的事情大有存在。最后也是电影的高潮，其实也就是创业生活的高潮。三个臭皮匠一起来到美国，就涉嫌抄袭版权的事情来和美国绿卡签证进行谈判。结果是三个臭皮匠和好，然后一起对外的剧情。当然最后是成功冲出难关。最后我才知道是真实故事改编，这个故事在我们生活中到处存在，创业史就是这么艰难和刻骨铭心。而合伙人之间的关系也十分微妙，能共苦不能同甘的大有人在，遇到真正需要抱团取暖的时候又各显真情。总之，创业公司在选择合伙人或投资人上真是一言难尽，值得探讨。

作为创业者，不仅自己要充满干劲，还要选择同样充满热情与活力的合伙人。之所以叫合伙，不是谁雇佣谁，而是大家合在一起入伙。既然合了伙就要共创、共享、共担，这个非常重要，尤其在创业层面。创业是马拉松，不是每个人都可以坚持到最后。远大的理想和梦想，确实是团结合伙人非常重要的东西，这真不是虚的东西，是很实在的东西。创业者要有"创业失败了我还要创业"的勇气，也要让合伙人扪心自问，"如果不是这样，他就不是一个好的合伙人"。

合伙人是在公司未来相当长的时间内全职投入预期的人，在这段时间内，公司可能不赚钱，他们可能没有收入，甚至还要继续往公司投钱。其实这也很好理解，因为几名合伙人为了一个目标而努力，总要经历一个过程才能实现目标。合伙人，是并肩作战的人！比如，夫妻是世上最小的股份公司。两人可以经常吵架，但遭遇外敌或风险时，一定是共同抵御外敌。有肉，大家一起吃。只有粥，怎么办？一起喝，还不能抱怨。不然夫妻之间的矛盾会慢慢产生。没有合伙人，行吗？答案是不太好做事，就像单身的人永远干不过有家庭的一样。创业的过程不是孤军奋战，能多找几个合伙人就多找几个。

创业之初，合伙人不单单是拉过人来充个数，涉及真金白银出份子的时候，合伙人就有了新的意义，涉及投资这一项。我们有必要明白合伙人和投资人是怎么一回事。

关于合伙人，我们应该明确一点，什么样的人才算合伙人？那些有共同理想，为共同事业一起奋斗的创始人是否都算合伙人呢？每位伙伴都能各司其职，放下所有眼前利益，全力以赴，奔着光明前途勇往直前。这时，他们可以算是合伙人。他们在共同承担资金风险的同时，也全身心付出努力，并在自己领域开拓一片天地，为其他伙伴分担压力，提供支持。

而投资人虽然可以共同承担资金风险，但是对创业项目提供的支持是有限的，那些一起合伙创业，但是只出钱不出力或少出力的人，也应算是投资人。他们还放不下自己的一摊事，很难投入很多精力，所以创业者别指望投资人提供多么给力的支持。

在创业初期，创业者往往举目无亲，这些投资人有时会给予一些支持，对项目有促进作用。但是越往后你就会发现，多数事还得靠团队内部在职人员去做。

创业路上，你遇到的问题会越来越多，越来越难，越来越具体。所以你必须有相应的专业人才去承担起来。所以对于创业的那些事，要真想做成，最关键的还是要有一支强大的合伙人团队，这远比寻找投资人更重要。

说到创业开公司，很多人的第一反应就是融资、筹钱。当有人愿意给你投资时，你是否觉得他就是你的合伙人？其实，投资人并不等于合伙人，从本质上说，投资人与银行没有区别，你找银行是借钱，找投资人也是借钱，两者并没有什么差别。

很多投资人除了有钱、有资源之外，本身并没有创业心态，没有与你并肩作战、共同经营公司的想法。可笑的是，他们投钱给你之后，还喜欢对你的具体经营方案指手画脚。如果你们聊得来，彼此还可以交流想法；如果你们聊不到一块儿，那么就很容易产生分歧。

万科前高管毛大庆说过："找合伙人，最怕的是找最熟悉的或与我们观点最一致的人。"因为同质化的伙伴并不是合伙人需要的，因此"我们要找不同的人、基因不一样的人，但为了同一个理念、同一个远大理想、同一个愿景去奋斗，这是合伙人最根本而且是背靠背的信任"。

在这样一个时代下，没有任何人是万能的，没有任何人什么都懂。正是因为寻找基因不同的合伙人，大家在一起互相成就，互相弥补，互相帮助对方成长，有这样一群人共同帮助，一个机构才能不断向新平台迈进，才能跟竞争对手去竞争。

创始人社交层面交往的人，眼界够不够宽，看人的视角够不够宽，有没有接触到足够宽的人群，这些都非常重要，决定了这家企业能不能找到丰富多彩的合伙人。

合伙人，指的并不是员工，而是在创业的过程中有时间、有精力、有能力，能够起到积极的辅助作用的人，而不是随便什么人都可以做合伙人。

其实，只有那些经历过失败的人才适合一起做事，至少他们懂得失败是什么，责任是什么，耐心是什么，而不是一味好高骛远。对于创业来说，过程是最重要的，在曲折的经历和成长中，我们才能真正找到最适合我们的合伙人，才能找到最适合的做事办法。而投资人则是在创业有了一定的雏形和规划之后，再进一步考虑的事情。

重点 4　老板思维：企业就是人事

一座庙里有 7 个小和尚，每天早饭他们都要分一桶粥。但是，每天都有人不够吃，因为粥总是分不均匀。于是他们抓阄决定谁来分粥，可是每周下来，只有自己分粥的那一天可以吃饱。小和尚们开始相互抱怨，指责别人存有私心，最后他们只能向师傅求助，到底该由谁来分粥。老和尚手捻须髯说："谁分粥都可以，不过分粥的人要等其他人都拿完后再拿最后一碗！"从此以后，不管谁分粥，7 份粥都一样多，大家再也没有过纠纷。

老和尚的方法很简单，但效果极好，因为他了解人性。粥到底由谁来分？其实这个不重要，谁去分都会出现同样的问题，这个和道德无关。因为每个人潜意识都会选择对自己最佳的行为，并不是说谁自私、谁无私的问题。

就像在企业里，某些特殊岗位容易出现问题，某个员工出问题了，老板往往把这个人定义为"道德品质败坏"，直接换掉，换一个人来，后来发现还是会出现同样的问题。

所以，老板应该怎么做？可以借鉴一下那位老和尚，不是挑战人性，而是利用人性，从而得到自己想要的结果！

在企业的经营过程当中，我们会面对各种各样的问题和挑战。比如团队没有凝聚力，执行力不够，工作没有责任心，不严谨，客户冷漠不好说话甚至刁难等。透过现象看本质，其实，一切问题都是人的问题，不管多复杂的问题归根结底一定和人有关。在企业中人的要素构成包括老板（股东）、员工、客户（供应商）等。我们知道一个人的思想决定其行为从而决定结果，所以，经营企业就是经营人，更本质地，就是经营人的思想，经营人的需求！这也就是俗语所说的人心所向！

所以说，老板们要经营好企业，一定要学会了解人性，了解如何经营人！

管理中，最难管的是人，最好管的也是人。为什么这么说呢？因为人心都是肉长的，都有趋利避害的本能。一个人，谁对他好，他心里有数。谁尊重他，谁重用他，谁欣赏他，他就会趋向谁。如果一个管理者通晓人性，在企业管理中多点人情味，将有助于赢得员工对企业的认同感和忠诚度。只有让员工的心能追随企业发展，才是真正的人性管理。就像古语说的，得人心者得天下。就是说将员工当人看，而不是把员工当成工具。招聘员工初始心态就要摆正，要有与员工平等的意识，给予关怀和理解。而不是居高临下，认为我是管理者必须高高在上，对员工不屑一顾，认为你是来给我打工的，我给你薪水，你必须无条件服从我，不管制度合不合理。

员工给一个企业工作不外乎三点：一是赚钱；二是自身提高；三是持续发展。那么，企业就要对症给予。

首先，要有好的薪酬体系，不能说招一个员工进来就尽可能压榨，想用最少的钱招到最能干的人，这是不合理的。虽然这是大部分企业老板的常规心态，用最小的成本达到最大的利益。本来心态很健康的员工也被搞得很糟糕。他们会想，我在这里能赚到钱吗？刚开始就这么被压榨，会对自己后面的收入担忧。

其次，员工会看你的企业有没有整体的培训体系，在这里自己能不能得到提高。两三年下来，你企业没发展，我跟你干吗呢？不可能待得很久的，尤其是一些已经有些技术的，他们更愿意找一个好的地方让自己的专业技术再提高一些。得不到自身发展更不会留住人。

最后，就是分配体系，一个员工工作时间长了对企业的盈利已经了然于心，看你怎么用分红把我留住。不能老板赚了 100 元，连 1 分都不想分给员工，员工看不到未来，得不到激励，肯定找好的地方上班去了。

在企业的核心竞争资源中，人力资源是个重要元素，是企业核心竞争力的基础动力之一。因此，如何有效配置人力资源，最大程度地发挥人力资源优势，成为企业倾情关注的课题。21世纪理性营销时代的到来，使个人英雄无法再在营销舞台上独唱主角，依靠个人力量叱咤风云、劲舞弄潮的日子一去不返。团队，这个时尚的营销名词，开始被越来越多企业钻研。团队管理正被纳入企业人力资源管理的治新领域。

企，上有人下有止。笔者个人认为，办企业人是关键，人能止则企业安，只有这样才会有业，企业才能变得家大业大，业绩倍增。

管理人不是光靠制定一套制度管住人让人俯首听命，而是要用管理者的人格魅力和企业内涵吸引人、帮助人、培养人。只有做到这些才是真正意义上的"以人为本"，企业的人员流动过快，更需要每个企业管理者创立一个尊重人的企业。

企业不应是竭尽所能地从员工那里获取最大价值的机构，而应该成为一种体制，一种创造财富的特殊机制，填补除家庭、政府等组织影响外的真空。这就意味着企业不仅要履行经济功能，还要发挥社会作用。企业的生产效率、管理方式、分配原则影响到每个人，它们决定着收入的多寡、居民生活水平的高低，以及社会民主程度等上层建筑。管理者要具备大局观，由内而外尊重共同创富的每一个员工。

现在是知识经济时代，员工需要更好的工作环境、更大的发展空间和创造性的工作。要求企业家尊重员工，尊重员工的创造性，尊重员工的工作成果，创造更优越的工作环境，把他们放在合适的岗位上，有利益也要有风险，不断开发他们的潜能，让他们更加创造性地工作，为企业创造更多的利润。而笔者认为，经营就是用心地去管理。一个人的能力可能有大小，但只要用心去做，就一定能把这件事做好。管理企业也是一样，只要沉下心来，用心去管理企业，就一定能把企业管好。

第六章　建立样板店，基础要扎实

步骤1　榜样经营，有样板才能做连锁

连锁行业区别于其他行业的根本特征在于其可复制性，通过一套标准化体系迅速复制扩展。连锁企业的标准化体系的制定是企业走向成熟的标志。

从世界上第一个颇有规模的连锁公司大西洋与太平洋茶叶公司开始，连锁经营就带着独特的魅力传播开来。正是因为连锁经营具有快速的复制和扩张能力，能帮助企业在短时间内实现规模的扩大，因此从一开始就展现了巨大的活力，随后推向世界，对门店的复制是连锁的开端。复制的初始和根本就是完成企业的品牌扩大和竞争。品牌是连锁服务业的生命，没有品牌的连锁复制只能是死路一条。

品牌怎么来？连锁口碑如何打造？笔者想，榜样的力量是无穷的，成功的样板店对于连锁招商的重要性是毋庸置疑的。有目共睹的连锁加盟样板店的成功操作对说服连锁加盟商是最有力度的，成功加盟商的案例分享将会使目标加盟商的信心得以极大提高。

连锁复制究竟能复制什么？

连锁复制简要地说，包括内部复制与外部复制：内部复制指复制门店、

复制团队，而外部复制则可以包括复制知识、规律以及模式等，如对他人的经营管理思想的学习。此外，复制的范围将呈现跨领域的趋势。我们很多企业倡导狼性文化，或者采取军事化管理，向部队学，这也是一种连锁复制的范畴。总而言之，连锁复制将大大拓展我们的思路，我们不仅可以谈及企业的连锁，连锁同样可以运用到其他社会组织或者机构当中，甚至运用到更宽阔的领域。

想要达到复制的目的和规模，关键是要有参照，有榜样。做出一个样板店才有被复制的可能。

成功的样板店以其直观、直接所带来的广告效应是任何媒体广告所无法比拟的。别具一格的门面，优雅精致的店堂，训练有素的员工，琳琅满目的优质商品，体贴入微的服务，来往穿梭的顾客，红红火火的生意，无时无刻不在吸引着投资者的关注。这种"眼见为实"的亲身体验消除了许多人心中的顾虑，并促使他们下定决心进行投资。通过在各地树立良好的样板店，一个有效可行的特许经营网络可以算是基本打造成功了，这将极大地帮助经营者在目标区域内树立自己的品牌，提高企业及产品的知名度和美誉度，并进一步形成稳定的消费群体，所有这些可以帮助特许企业网罗优秀的人才，获得广泛的经营信息，建立良好、高效的物流配送体系，并最终获得强有力的竞争优势。

第一个样板店一定要做得非常漂亮，同时，样板店一定要流程化、程序化、成文化，达到可复制化。建立连锁管理系统，相当于建立连锁管理的总部。最重要的是对人员的培养，零售业连锁企业的终端销售门店及人员具有非常重要的作用。很多企业会对门店人员进行各种培训，包括工作标准、话术培训等，都是为了实现优秀员工的标准复制。这就是团队复制，也是连锁的力量。

打造样板店可以从以下几个方面着手进行：

1. 样板市场区域选择。选对市场，要选择对自己最有利的目标区域市场。看市场机会、规避竞争、建立优势。市场竞争激烈则投入产出比相对比较低，市场空白则容易鹤立鸡群做先烈，要看消费力、人口基数、产品属性、周转频次、商圈处境等综合因素。

2. 样板市场人员配置。样板市场人员配置从开始就按照未来市场的人员进行配置。可以分为两个阶段：前期开发市场阶段以厂家人员为主，当市场进入维护阶段时，可以以经销商的人员为主，厂家可以保留单兵素养比较高的业务人员服务。样板区域营销机构也可以作为公司新人培训的黄埔军校。把新人放到样板市场学习可以提升新进员工对品牌的信心。为以后操作市场奠定基础。

3. 市场产品选择。聚焦大单品：并不是只销售一个产品，而是只推一个产品。所有的产品都围绕这个单品服务。或者说单品突破就是实现产品的聚焦，就像放大镜聚焦产生的大能量一样。聚焦、聚焦、再聚焦，让产品能自己走路。只有出现"领头狼"，才会带领"一群狼"，实现产品宽度的延伸作业。

4. 样板市场价格选择。选择最易切入的主流价格带：不要进军所有的价格带，用一种产品在细分市场上的价格带上进行主打，根据企业资源配置、产品定位，选择最匹配企业产品定位、最容易切入的主流价格带切入市场，这样会加大成功的砝码。

5. 样板市场渠道建设。渠道数量可以建立产品的销售势能，增加与消费者的见面机会。营销的根本目的是造势，势大则事半功倍。铺货同样要造势，通过爆发式铺货形成强势，对经销商和终端形成压力，加快产品挤占渠道的速度。

打造品牌样板店是市场竞争的必然趋势，也是品牌竞争的有力手段，在终端大力推行样板店培训项目，不仅能起到积极的形象示范作用，还能大大提升客户满意度和品牌竞争力，获得品牌宣传与销售业绩双赢的效果，也能为之后连锁打下坚实的基础。

步骤 2 找个合适的人做店长

　　一个店里，店长不是普通的员工，从成为店长的那一刻起，就代表了公司整体的形象，是公司营业店的代表，必须站在公司的立场上强化管理，实现公司经营效益的目标。店长的职责之一就是要让自己管理的店面有盈利才能证明自己的价值，而在实现目标的过程中，店长的自我管理和以身作则将是极其重要的，所以，营业额目标的实现，50%是依赖店长个人的优异表现。同时，店长还是一个非常好的指挥者和带头人，不但要发挥自己的才能，还要担负指挥其他员工的责任——帮助每一个员工发挥才能，能用自己的行动、思想来影响员工，而不是让员工影响店长的判断和思维。

　　既然店长的角色定位如此重要，那么把什么样的人放在店长的位置才合适呢？选一个合适的人当店长不是一件容易的事，需要从几个方面考量：

　　第一，需要具备责任心。经营者应该在平时仔细观察你的员工，特别是工作能力强、平时表现优秀的员工，应该常给予鼓励，尝试授予权力，看他能否很认真地执行，甚至很重视职责，这就是责任心，也是最基本的要素。只要具有责任心，工作方法倒是其次，因为工作方法是可以学习的。如果他经常不愿意承担责任或不够重视工作，甚至自己都无法带头，那就需要慎重考虑了。

　　第二，具备团队凝聚力。如果只能独善其身，就算自己做得再优秀，也无法在团队中建立凝聚力，也无法胜任店长。店长的个人性格很重要，性格内向的绝不适合在领导岗位上，因为性格内向的人往往不易沟通，更不用谈和员工沟通了。如果是一个性格外向的人，就喜欢与人沟通，喜欢与人打交道，能够亲近员工，只有这样的人才可以建立团队凝聚力。

第三，具备强大的学习力。作为一个店长必须经常学习门店的经营管理知识，清晰店务管理规范程序，在经营上做到思路清晰，能通过业绩数据进行业绩分析，制定业绩改进方案，促进店内业绩成长，这样也更能在店内员工心目中建立起领导魅力，使员工认为店长有能力。同时，不断吸纳新的知识以扩大自己的认识范围，并且对新事物敏感，能做到及时调整营销方案和提高带队能力。

第四，店长要有引导力。所谓的引导力可以分为领导力和培训力，店长对员工应该有好的培训能力，店内新人需要教，店内技术需要教，服务流程也应常训练，更重要的还要经常给员工讲道理，有好的培训能力才能提高员工能力和素质。同时还要表现出强大的沟通能力、团队组织能力、关系协调能力等，一般来讲，领导力也是一种管理方法，如何把管理工作做到更好，更能令员工满意，这也是需要不断学习的。

那么，如何才能造就出出色的店长呢？店长人才青黄不接严重制约着企业的发展，很多人已经意识到培养人才的重要性。如果一个店长从一个非常规范的企业开始，就容易"根正苗红"，因为规范化的企业最显著的特征就是重视人才的培养，重视流程的建设，经过一段时间的培训，并按照公司的流程去做事情，就很容易上手，而且从一开始就习惯了按规矩办事，遵守游戏规则，那么以后对于其他连锁复制的店也是一个榜样和指导。

从短期来看，尽管在这些规范的企业里成长可能会慢一点，但是对于那些有事业心的店长来说，年轻的时候掌握赚钱的本领比金钱本身更重要，只要基本功扎实了，将来就有了"本钱"。培训，实践，再培训，再实践，这是一个人成长过程中必不可少的环节，由于企业的舞台比较大，接触的面比较广，所以是很多人成长的"摇篮"。如果一个年轻人找工作的时候，不是看哪个岗位工资高，或者哪家企业工资高，而是看哪家企业能学到东西，哪家企业、哪个岗位能为自己将来的发展奠定基础，这样的人就可能是未来的"店长人才"。如果在优秀的企业里能做到门店店长的话，将来就会有更多的"本事"去开创自己的一番事业。

步骤3　影响力：连锁之前做品牌势能

如果一个产品在人们的脑海里占据了一席之地，就等于塑造了品牌。试想一下，为什么京东如此令人着迷？因为它占据了消费者大脑的一部分。每当人们想购买产品，尤其是电子产品时，想到的就是京东。打开电脑网站或手机APP，点击两下，京东送货到家，一天后就能在家见到产品了，上午下单当天就可能见到自己购买的产品。

这就是塑造品牌势能的重要性。比如，当一个企业从零开始时，最好的势能就是品牌。比如，聚美优品、当当网、滴滴打车、途牛网等都是从零开始塑造了自己的品牌和公司的品牌。

产品也一样，只要你感觉这个产品好，你就会购买。那怎么打造这种感觉呢？什么是感觉呢？你为什么购买奔驰车呢？为什么购买百事可乐呢？为什么买这么贵的东西呢？因为它是大品牌，因为消费者不想上当，大品牌有安全感……那我们怎么让消费者选择我们呢？

把大石头放在平地上，没有任何危险，你踢它一脚，它不反抗。当把大石头放在高山上，当敌人过来，割断绳索，轱辘轱辘滚下来，会砸死人。请问为什么放在高山上的大石头滚下来，会把人砸死？原因何在？这就是借助了这个地势的势，势能转化为动能，这就是借势的力量。

这就是势能的作用。同样，这种原理可运用于商业，比如，你想卖雨伞，那想办法让天下雨，雨伞就自然而然地卖动，这里雨伞就是石头，而雨就是这个高坡势能。因此，创业者若能给自己的产品和公司制造出这种势能，公司的产品和服务销售应该会很不错。

一个新品牌哪里来的势能？笔者认为，市场动销需要三大势能：渠道势能、终端店势能、传播势能。

其一，渠道势能：并非说经销商越强越有势能。事实上需要考虑两个因素：一是看经销商是否把你的产品放在首位，至少在某个时间段是第一位的，高度重视，全力动员；二是对你的店面营销模式有没有足够的信心。可能还会有人说，经销商凭什么重视一个新品牌？何来信心？样板市场的主导成功，能带给渠道信心，从而让经销商高度重视，并全力以赴。

从 1 到 3 的时候，经销商没信心，甚至企业高层也没信心，需要企业重度投入。从 3 到 30 的时候，部分经销商就有信心了。当新营销体系运作市场超过 30 时，整个市场就被引爆了，如果经销商还没有信心，就不再适合代理和加盟了。

其二，终端店势能：需精准预判，并全力激活。终端店没有势能不铺货。因为有的终端店创造势能，有的终端店消耗势能，终端店有势能，但能否被激活，这才是关键。一是看产品，终端店对产品是否有信心；二是看信心传递，当所有人都有信心时，单独某个人没有信心，这时候就需要卖得好的样板案例来提振信心。

其三，传播势能：定义超限战，明确三个关键。传播势能这个概念，可能很多人不好理解。其实，传统的广告打造品牌，就是传播势能，反反复复，最后形成势能。

互联网是信息传播工具，而营销就是通过传播消除和制造信息不对称。所以，互联网应该是营销人的天然武器，不知道为什么有些营销对互联网这么抵触，可能是因为有人把互联网等同于电商的缘故吧。

互联网传播怎么制造势能？看看江小白就知道了，它是典型的互联网传播的结果。它不比杜蕾斯广告创意好，但依然让人们知道了江小白的广告和文案的厉害之处。

造品牌势能不是向外分发带有公司 Logo 的免费物品，而是创造故事。你的产品和公司的存在是为了给客户做工作，帮助他们成功。如今，人们提到购买化妆品就能想到聚美优品，提到买书就能想到当当，这就是品牌的塑造。

品牌是无形的资产，通过质量、风格、定价、受众群、售后等各个方面综合就会形成一个无形的概念，是买家对你产品的一种认知，这就是品牌。

品牌就是从细节处体现特有的文化，与众不同，让买家一秒就能想起产品的属性、风格、定价等。手机就买华为，牛奶就买蒙牛，这就是品牌的忠实粉丝，想让你的店铺拥有这样的忠实粉丝吗？放眼长远，细节体现，在品质可靠的前提下，产品的内外包装不都是品牌宣传的最佳方式吗。

造势能还要大力用在推广上，这是一个酒香也怕巷子深的年代。想要让产品打出名声和品牌，就需要在渠道和终端地面推广，王老吉除了传统的POP 广告外，还开辟了餐饮新渠道，选择湘菜和川菜馆、火锅店作为王老吉诚意合作店，投入资金与它们共同举行促销活动。并且把这些消费终端场所也变成了广告宣传的重要战场，设计制作了电子显示屏、红灯笼等宣传品免费赠送。在给渠道商家提供了实惠后，王老吉迅速进入餐饮企业，成为餐饮业中主要推荐的饮品。

随着红色王老吉的快速发展和消费者对王老吉降火功能的认可，王老吉药业也借势宣传推广王老吉的其他产品。此外，凉茶是岭南特有的产物，是一种文化，王老吉系列产品就是这种文化的载体，因此王老吉推广必须注重文化推广，绘制王老吉连环画、撰写王老吉软文都是文化营销的一部分。同时，王老吉还借助 170 多年的历史树立凉茶始祖的身份，完善自己的品牌故事，并塑造配方的传统性与神秘性。值得一提的是，王老吉赞助了中央电视台电视连续剧《岭南药侠》的拍摄，该剧主角即是品牌的创建者王老吉，这将利用国人喜闻乐见的形式将品牌故事导入消费者的内心。

同时，王老吉还在新年推出新春吉祥罐，在王老吉的原有罐体包装上做出了较大调整，将中国民俗传统文化中的"福禄寿喜财"及"吉文化"的"吉"，以拟人的创意形式设计并融入王老吉罐身，组成了一套6款新春纪念罐系列。据业内人士介绍，这次吉祥罐是王老吉分析新春黄金期市场后所做出的选择，从文化来说，王老吉本身的"吉"文化与新春喜庆氛围吻合，将新春元素融入罐体设计，既是对"吉"文化直观的表达，也是对消费者的深刻洞察，有助于王老吉进行品牌文化输出。另外，从营销的角度看，吉祥罐新包装也是借鉴国际知名产品在营销手法上的创新突破，通过对罐体设计的重新包装演绎，让产品更具时代青春感，并通过灵活多变的罐体创新设计，使更多消费者喜欢上王老吉。

通过发布新春吉祥罐这一招"新装迎新春"，王老吉在品牌营销手法上再次玩出了新花样，也再次吸引了业界瞩目。近年来，王老吉在推进品牌年轻化的进程中，不断通过各种别出心裁的营销手法创新，在快消行业品牌营销的争夺战中总能居于领先身位。这就是为品牌造势能。

因此，消费者的感觉好，其实就是所谓的这些势能带来的。因此，销售要做好，就要有一个比这个事情本身更重要的东西，那就是势，即所谓的形势比人强，求势不求人。若在这个势的基础上销售，就会有所不同。

步骤4　做营收：打造口碑和可信度

人们会对谁的话非常信任？无非是亲戚朋友间的口口相传和亲身体验。所以，无论是企业还是产品，想要打造超级可信度无非就是赢得"口碑"。

"口碑"就是我们老百姓之间的推荐，先对某个公司或产品产生兴趣，然后产生消费需求。

专家研究发现，人们都很热衷于把自己的经历或体验告诉他人。如果经历或体验是积极的、正面的，就会引导他人，使得他人产生信任。大量调查报告也显示，人们想了解某种产品和服务的信息时更倾向于咨询家庭、朋友和其他个人专家而不是通过传统媒体渠道。高达 90% 的人视口碑传播为获得产品意见的最佳渠道。

真正懂营销的人都知道，卖产品是第一重境界，卖服务是第二重境界，卖产品的价值才是最高的境界。也就是说，没有消费者会真正关心你的产品本身，他们更关心的是产品所能提供的价值，能解决什么问题。

这就是为什么企业需要做一些宣传展示，只有如此，你才能向消费者传达最重要的信息——我们的产品可以很好地帮你解决你想要解决的问题。你看，就是如此简单。

举个例子，雪佛兰公司采访了一个对雪佛兰汽车有极大热情和兴趣的普通人，过后，他们把采访录像发给参与者，没有要求他为雪佛兰做什么。一个普通人受到如此重视，自然非常兴奋，于是他自发地把视频放到了不同的社交平台上，短时间内播放量就超过了 1.2 万次，不到一个月，他就在汽车迷圈子中积累了不少人气，可想而知，这对雪佛兰汽车的形象宣传有多重要。

把你的客户变成你的粉丝和合作伙伴，从而替你的产品现身说法，这将比请一个大牌明星更得人心，更能得到消费者的认同，对产品的体会也更直观和真实。所以，维护客户并变成伙伴关系，才是重中之重。也是打造让别人信任和信赖的途径。

零售的本质是让顾客得到感觉满意的服务与产品，同时经营者获取合适的利益。产品的零售更追求的是顾客的二次购买、持续消费，因此顾客对店面的认可、信任并产生黏性非常重要。同时，新顾客的拓展是也店面增量的重要环节，尤其老顾客的口碑相传对于店面拓展新客尤为重要，口碑带来的美誉度与忠诚度是极高的。消费者的口碑相传，传播点先是商品，然后才是店面。如果顾客都记不住你店面里最有品质、最有竞争力、最有传播点的核心商品，口碑相传就缺失了聚焦点。顾客记住并喜欢哪家店，肯定是那家店里的特色让顾客记忆犹新。商品口碑的记忆度聚焦做好了，店面的返店率、复购率、点单率才会高，会员流失率才低，新会员增长才快，店面才能增量增利。

有计划的口碑品动销才能更好地吸引顾客、打造口碑、创造黏性、带动复购与点单。通常口碑品动销的操作模式规划如下：

首先，提高动销人员对口碑品的重视度。店面要从上至下建立对商品口碑、店面口碑的正确认知，加强对口碑品的重视度。对于品位口碑品与特惠口碑品的销售要加强，不能因为其毛利低而降低对顾客的服务，甚至拼命转介绍、转销售其他商品，导致顾客的消费印象减分；增量增利口碑品也不能强推，一切以满足顾客消费需求为主，真正给予顾客自由消费、自主选择的购物环境与消费感受，这样才能建立店铺与顾客之间的良性基础。

其次，全员培训，让店员爱上口碑。产品想要口碑品的销售变得简单容易，一定要将口碑品发给每个员工去亲身使用、感受和体验。只有店员们真正认可口碑品的品质，且真正从心里接受并喜欢口碑品后，才会有销售的意愿。同时，在培训中，还要针对商品的卖点、体验手法、销售话术等进行提炼，将核心点融合成简明扼要的几个点，形成统一的标准，并对大家进行培训。这样店员们才能更加容易并快速地掌握，销售才会简单容易。

最后，制定目标与激励机制。让店员爱上口碑品并且进行培训，只是解决了店面想销售、会销售的问题，但如何让店员更主动地去销售，并且销售得更多呢？制定目标与激励机制是关键。

口碑品销售不要强制制定销售任务，而是要发挥店员的主动性，应该让每个店、每个员工制定自己的销售目标，即让每个店员自己认购目标。销售目标可按年度、季度或月度制定，并将目标分解至每周或每天。

"金杯银杯，不如消费者的口碑！"有了口碑管理，才能形成口口相传的品牌效应，口碑相传才是品牌转化成实际购买的最有效环节，也才是打造消费者可信度的最好途径。

各种媒体平台宣传效果不太灵了，品牌营销一定要抓好两点：免费体验+口碑管理。而不是砸很多钱，投很多广告。当然这办法也不是不行，前提是得有钱。但问题的关键是有钱的企业毕竟是少之又少。

所以，口口相传，直接影响的是品牌认知度与最有效的实际购买行为转化。并且，品牌传播的实质是靠周围人的口碑传播，有时候，隔壁阿姨一句话能顶自己一万句。

步骤5　融资：时刻存有融资加盟意识

创业期间，大部分公司处于起步阶段，规模相对较小。大部分创业者保持着单打独斗的思维，不敢融资也不敢拓展资源。其实，小公司应当合理利用现有资源，将其价值最大化，进而进行短期融资，帮助公司资金周转。

有很多突然死亡的企业，不论大小，多数是死于资金链断裂。所以，企业家第一该做的事情是融资。融资不单是指筹备企业成立之初的启动资金，还包括为企业发展筹集备用资金，如应对紧急事件的备用金，到期账款准备金，战略转型所需要的资金投入等。筹资的渠道各种各样，包括个人举债、银行贷款、私募基金、风险资本、发行股票债券、吸纳新的战略投资者等。

而能否及时筹集到所需资金，则是考验企业家本领的关键。所以，企业家平时修炼、社交应该多向这些方面靠近，形成自己的圈，当今社会的大企业家都是顶尖级的资本玩家。

创业要时刻存有融资加盟意识。所谓的融资，狭义上即是一个企业的资金筹集的行为与过程，即采用一定的方式，从一定的渠道向公司的投资者和债权人筹集资金，组织资金的供应，以保证公司正常生产需要，经营管理活动需要的理财行为；融资广义上也叫金融，就是货币资金的融通，指当事人通过各种方式到金融市场上筹措或贷放资金的行为。

站在现代市场经营的实战角度，确立与时俱进的"融投资"意识，对于个人和企业适应市场和发展经营，有着重要的指导作用。

因为，所有的企业都有融资需求，包括给你资金的风险投资公司，包括给你贷款的银行，他们都需要融资。只是，我国90%的企业没有把"融资"当成一项企业经营与管理的基础工作，而是看作临时性的企业需求，资金遇到困难了，才想到融资，平时对融资知识的学习，对资本主的沟通、人脉的培养、融资专业顾问的储备等，都不当回事，等火烧眉毛才想起请客送礼找关系，那个时候，谁能帮他融到资金，谁就是大爷。

当然，不把融资当回事，也不算错误的企业经营与管理，而让人感到悲哀的是，90%的企业不懂融资，即使有融资需求，也很难快速、有效地获得资金。

具备融资意识的人，不仅知道资金的重要性，也知道融通资源的重要性，而资源包括的范围很广。

比如，三国时的刘备文武两不行，人力、物力、财力都极度匮乏，为了经营恢复汉室的宏大事业，三顾茅庐邀请身无分文也无家世背景的诸葛亮，融取的就是诸葛亮的智慧和能力，使他成为刘蜀与曹魏和孙吴三家竞争谋利的最重要资本，而刘备用来交换诸葛亮这一"稀缺资源"的代价，也并非"货币金钱"，而是"梦想、尊重、情感、信任"等非物质因素，换句话说，是刘备特有的社会资源、人际资源；至于诸葛亮愿意用"鞠躬尽瘁，死而后已"的全部自我资源来交换，又是受到了双方共同的社会环境背景资源、彼此认同的文化传承资源的影响。

再比如，海南航空公司 1995 年去华尔街融资，虽然只融入了量子基金旗下"美国航空投资公司"的 2500 万美元，这对于一家新建的航空公司来说只是"杯水车薪"，但此"资源"的真正价值却在于其美资背景和当时威震世界金融市场的大鳄索罗斯后台，这个"融资"策划带来了对其他新资本的超强吸引力和市场信服力。其后，1997 年 6 月发行 7100 万股 B 股，募集到 3337 万美元；1999 年发行 20500 万股 A 股，募集资金 9.43 亿美元，使海南航空公司成为国内第四大航空集团，之后一系列融资策划直到发展成为"大新华航空集团"。

一般而言，创业者、创业伙伴的个人资金及企业的沉淀资金具有原始性、自主性、低成本和抗风险的特点，但规模非常有限。创业者还需要通过一定的渠道、采用一定的方法、以一定的经济利益付出为代价，从外部资金持有者手中筹集资金，满足企业运营和发展的需要。

而初创企业普遍存在信用缺失、管理混乱、抵押（担保）资产不足、经营风险高等内在缺陷，致使大部分创业者融资困难，难以发挥灵活性优势。面对我国金融市场不完善等外部约束，创业者先要了解融资前的准备工作，才可能在融资过程中不出现问题。

无论是什么样的企业，都有适合自己的融资方案，同时，一个企业也许有多种融资方案，并不一定非要找风险投资，找民间高利贷，或者提供抵押物找银行贷款，多熟知一些金融知识，就会针对自己企业的状况，合理地设计多款融资方案，解决企业的资金之急。

我们要做的就是，在企业管理和经营的日常工作中，提升融资的意识，并提前做好基础工作，如建立企业的信誉，建立干净的财务账目，建立金融圈的人脉关系等，虽然你现在不需要钱，但是你做的每一件事，都和未来的钱有关！

下篇　融资运作

第七章　融资之前要三思

事情1　融资之前懂资本运作

说到资本，就是指资本运作。而资本运作又不完全等同于资金运作，对于资本正确的解释：资本运作=资金（有形）+人际关系+社会关系+文化。资本运作又称资金运作，包括连锁销售、资本孵化、民间合伙私募和互助式小额理财，是通过买卖企业和资产而赚钱的经营活动，利用以小变大、以无生有的诀窍和手段，实现价值增值、效益增长的一种经营方式。简言之，就是利用资本市场以小变大、以无生有的诀窍和手段，通过买卖企业和资产而赚钱的经营活动。

关于资本运作，有两个小故事：

第一则故事： 这是炎热小镇慵懒的一天。太阳高挂，街道无人。这时，一位有钱的外地旅客走进一家旅馆，拿出一张1000元的钞票放在柜台，说想先看看房间，挑一间合适的过夜。就在此人上楼的时候，店主抓起这张1000元的钞票，跑到隔壁屠户那里去支付了他欠的肉钱。屠夫有了1000元，横过马路付清了猪农的猪本钱。猪农拿了1000元，出去付了他欠的饲料款。那个卖饲料的老兄拿到1000元，赶忙去付清他召妓的钱。有了1000元，这名妓女冲到旅馆付了她所欠的房钱。此时那人正下楼来，拿起1000元，声称没一间满意的，他把钱收进口袋，走了……这一天，没有人生产了什么东西，也没有人得到什么东西，可镇上所有人的问题都得到了完美的解决。

第二则故事：有一天，一个银行家的儿子好奇地问他爸爸，他是怎么赚到这么多钱的。银行家放下手上的工作，微笑地让他的儿子把冰箱的肉拿出来。儿子拿出来后，银行家让他再放回冰箱。儿子把肉放回冰箱后，莫名其妙，不知所以。等待了很久后，儿子终于鼓起勇气，问他爸爸搬猪肉和这个问题有什么关系。银行家盯着儿子看了一会儿，终于笑眯眯地说道："猪肉原来在冰箱，现在还在冰箱，但是你的手上是不是多了什么东西？"儿子看着手上的猪油……若有所思。

从上面的两个小故事中不难看出，资本不是一个金钱的概念，如果资本就是钱，那一定是我们狭隘了。资本是市场组成元素，资本和市场是紧密关联的，没有市场，资本也就是财富了。大多数人也就是芸芸众生毕生追求的东西其实是财富，或者是财产，而不是资本，资本属于那些资源的整合者，在资源整合者的眼中，这个世界上能够过眼的东西，都是资本。

我们有必要罗列一下大众认同的资本：实物资本、货币资本和知识资本。土地、矿山、房屋、机器都是实物资本；货币资本则是市场的交易等价物，目的就是交换实物，货币资本可以是一个强制的信用共识；知识资本则属于软性资本，属于无形资本，但是现在人类已经进入了知识资本主导的时代，所以，知识资本已经成为前两者资本的动力和"加速器"。

现在，全球的大部分国家，土地和实物资本已经集中到了少数人手中。中国也不例外，中国已经是世界贫富差距比较大的地区之一。货币资本也是一样，控制在少数人的手中，普通人无法创造货币资本，只能用出卖人力资源的方式获得一些货币。实物和货币都是财富本身，如果没有知识资本参与进来的话，资本市场已经是一潭死水。知识资本是市场中唯一的点石成金的元素，后来者的所有机会基本上都集中在这里。

知识资本通过一系列的转化，变成市场上的无形资本。比如版权、专利、专有技术和创新能力等。这个年代的神奇故事，大体上都是拥有智慧和拥有资本的人结合的故事，因为在传统领域，要想获得一片天，就需要硬通货去交换，靠规模经济去获取价值；但是在创新领域，是可以创造奇迹的。一个想法改变世界虽然有很大的励志成分，但是也是可能的。

无形资本是经济中的最大变量，对于整合资本的人来说，这也是自己大展拳脚的地方。虽然现在社会上弥漫着"拼爹"和"知识不能改变命运"的鼓噪，但是在这个时代，一介平民想要出人头地，最重要的事就是用知识改变命运，知识带来的创新能够改变市场的格局。在一个创新为主导的经济体中，人们不会仇富，因为创新者是能够引领资本的。知识经济时代，知识已经是生产力发展的主导力量，科学技术是第一生产力。

对于企业和企业家来说，迟早都要做资本运营。即使要融资，也要搞懂资本运作。从企业家到投资者的转变是一个人生上台阶的过程。对于企业家的人生来说，一开始做事就是为了做好产品，让产品畅销，到后来开始关注产业，关注产业上下游的发展，关注价值链的整合和运营。到了投资者这样的阶段，已经不再将自己固定在哪个产业哪个界限之内，而是开始发现机会，整合资本，帮助一个个经营天才和技术天才取得市场成功，然后分享这种喜悦，也会分享这种成果。

每一个做资本运营的人都知道，资本运营和实体运营的维度是不同的，资本追求的价值和实体企业追求的价值也有很大的不同。实体企业和实体项目的资产实际上已经被定格在产业之内，所有的经营元素都摆在这里，能够用财务数字衡量的，实体运营属于秩序的世界，符合牛顿的秩序定律。而资本运营则是一种灵动的量子态，是没有秩序的，资本来与去，其实都是在帮人成长，然后拿走自己的一份。说资本坏的人，其实是没有帮助自己和资本实现成长的能力。

做企业的人都会跟资本打交道。做资本运营的人一般会将资本运营分为几个简单的阶段，人找钱，钱找人，钱找钱，这是资本运营的三部曲。其实所有的过程都是人和资本结合的过程，而更微观地去看资本运营，这些投资家每天所做的事就是吸纳、抛弃和成长。

事情2　股权是最贵的融资

企业的融资方式有两类，债权融资和股权融资。股权融资是企业股东愿意让出部分企业所有权，通过企业增资的方式引进新的股东的融资方式。股权融资所获得的资金，企业无须还本付息，但新股东将与老股东同样分享企业的盈利与增长。股权融资的特点决定了其用途的广泛性，既可以充实企业的营运资金，也可以用于企业的投资活动；之所以说股权融资是最贵的融资，因为很多创业者或企业家，在需要借助外部资本扩大规模时，都会面临股权被稀释，甚至最后被投资人踢出局的结果。同时，股权融资还有以下问题，使得融资成本变高。

第一，传统股权融资的信息不对称，融资方和投资方无法有效率地找到对方并了解对方。创业者属于弱势群体，对接投资人数量非常有限，找到非常匹配的投资人需要运气；对于投资方来说，多是通过财务顾问或朋友对不同投资人一一转述，项目方和投资人也通常一对一沟通，时间成本高。

第二，投资门槛过高，动辄几百万元，导致参与投资的基础人数少，资金也相对较少，使得中小企业非常难找到投资方，甚至在吸引到资金前就夭折。

第三，创业者和高净值人群都对投融资过程不甚了解。创业者缺乏经验，不能充分展现项目亮点，对投资人也不甚了解，容易被骗。不少创业者还缺乏金融/投资知识，对交易结构、交易估值很难科学把握，容易遭受不可避免的损失。而投资方，尤其是对行业经验不够丰富的投资人来说，由于信息不对称，存在被项目方蒙骗的风险。因此双方都需要引导。

第四，投资退出渠道不畅通。由于目前退出机制不健全，资本市场、产权交易市场、风险投资体系、法律制度还不完善，风险资本退出渠道狭窄已成为发展风险投资的最大障碍。

这些都会促使股权投资的时间成本和机会成本变高。

有一个创业者设计了这样的股权架构：核心技术持有方占60%，运营团队占20%，剩下20%准备向49个个人众筹。法律顾问问他：前面两项安排都好理解，为何一定要这么多人来股权众筹？他说：并不只是为了筹钱，而是希望筹到符合公司发展、掌握匹配资源的关键人，帮助尽快落地打开市场。顾问说：这恐怕是受众筹的影响，以为这样一些早期股权低成本开放就能吸引到足够的大佬资源来铺路，其实现实操作中，这样一笔不大不小的投入好比鸡肋，既没有关切到让人心甘情愿往里带资源利益，又因为是股权性质而让公司治理架构异常复杂，反而会影响真正的战略投资人进入。于是顾问给他的建议是：既然要玩股权融资，不如用产品众筹，既不用拿股权来交换，又可以提前测试市场，那才是众筹最好的用武之地！

对于大多数成熟的创业者，未必那么着急去做股权融资。找钱的方式有很多，最贵最麻烦的就是股权融资！比融资更重要的是产品和商业模式的打磨，不要以为用别人的钱试错就没有负担，你付出的是自己的信用和职业生命，一旦踏出就没有回头路。

如何做到股权融资又降低股权融资的成本，需要注意以下几个方面：

第一，保持适当的融资节奏，企业如果正常良好发展，创始人要有精明的打算，什么阶段融多少资要有一个比较精准的判断，早期的股价比较便宜，发展得越好，溢价越高，每次的融资额足够用到下一次融资，比如刘强东，就是一个绝对的融资高手，到目前还没给股东带来利润，但是不计其数的机构等着投。越到后面通常价格越高，等量资金稀释的比例越低。

第二，投票权未必就等同于股份份额。管理层激励一般可以通过间接的方式，如通过创始人控制的持股平台公司间接持股，这样管理层可以要求变现，可以分红，但是没有投票权。或者通过一定的安排和协议，将分红权和投票权分离。可以学习华为，高管离开公司，可以立即变现，但是股份必须交出来。

第三，多学习借鉴基本运作比较成功的企业。创始人可以进行 AB 股设置，比如京东的刘强东。京东上市后他的收益权比较低，但投票权叠加比较高，对公司的控制权很大，这是其精妙之处。

此外，值得借鉴的是，阿里巴巴马云的做法是采取合伙人制度，大家所持股权很分散，但都听马云的，使得马云能间接控制阿里巴巴的决策。

投融资是非常专业的工作，不是娱乐化、好玩的行业，是真金白银在运作；投融资也是很残酷的事情，投进去退不出来是非常痛苦的，或者做到了股权融资却提升了风险，也是需要谨慎对待的。要决定投融资，就要对风险有充分的认识，在此基础上再决定是否投融资。

事情3　选择什么样的投资者

现在，已经不是投资人选择创业者的时代，而是一个创业者与投资人双方互相选择的过程。这个过程就如谈恋爱一样，第一次见面双方产生了好感，经过深入的了解，无论精神还是物质达到高度共鸣之后，最终才能走向婚姻的殿堂。

　　投资者在选择创投项目时更多是看中创业公司的潜在价值与发展前景。包括创业团队的素质与能力、行业现状、创业公司发展阶段及自身特色优势等。而创业公司除了看中投资机构的"钱"之外，更注重自己的感觉，与投资者是否有眼缘，对于行业有着共同的眼光及立场。

　　当然，创业融资时选择投资者的时候先要避开几大误区才能进一步选出合适自己的投资人。我们看一下，常犯的误区有哪些：

　　1. 高估投资者带来的价值。有些投资者尤其是战略投资者，最喜欢罗列他们拥有的资源。但往往到最后发现，资源是共用的，派过来帮忙的人是外行，其他诉求如石沉大海，最后还得靠自己。

　　2. 把投资人等同于身后的机构。不靠谱的机构，人多半不靠谱；但靠谱的机构，不一定个个都靠谱。有的人虽然产生于有很多明星公司的机构，但完全水货一个，好的案子跟他无关，失败的案子到干过不少。擦亮眼睛，去评判投资人的专业程度，而不要被所谓的品牌蛊惑。

　　3. 过早稀释股权。因为不熟悉融资游戏规则，因为你听信了"重要的是赚钱了以后分钱"，你在第一轮或者第二轮融资中就稀释了40%、60%甚至80%的股权。被别人控制公司导致失败、分裂或难以发展倒不算痛心，万一发展得很好，结果前面稀释越多，后面融资的选择就越少，当你被稀释到只剩10%、5%时，这还算是你的公司吗？

　　4. 用错误的结构融资。为了赶快把钱拿进来，跟投资人签夸张的分成方式、管理机制、对赌条款、完全不平等的清算条款等非常另类的合同，或是用非国际惯例的结构设计特别股。这里面的道理很简单，没想过共赢做大的投资人也没能力让公司发展壮大。乱七八糟的资本结构和合同，只会吓跑后面想投资的机构。

　　5. 选择一头热的投资人。当然投资人必须对你的团队、产品或商业模式有一定的热情，但投资毕竟是很理性的工作，如果他过分热情，却没有想清楚为什么要投资你的公司，那也是非常危险的。新创公司往往必须酝酿多年才能到达被收购或上市的彼岸，在这漫漫长路上，创业团队的财务状况常常是忽高忽低。现在一头热的投资人，未来随时可能会受不了这云霄飞车，转而成为难搞的恐怖股东。

当然，职业投资人都是人精，这是不用怀疑的。但对于创业者来说，融资还是要把以上误区规避掉才能进一步决定和选择更好的投资人。

对于企业项目来说，选择什么样的投资者，跟企业经营者的吸引力有很大的关系，企业必须有核心能力。比如做个餐厅，食品有特色。在网上能够将O2O做得不错，那么就会将店铺几公里之内的潜在消费者和用户收到自己的网中，企业有能力和自己的用户进行互动，保持生意红火。这种模式和传统的连锁模式一结合，当然就能够打动投资者了。

至于合伙制这样的模式，找到在资金上比较充裕的合伙人，这是大多数创业者都会做的事情。就整合资本来讲，这不符合企业开放性的特质，能够和外部资源外部资金形成合作关系，这样才是企业需要具备的融资能力。

企业融资的方式应该是综合的，目前在国内，最好的融资方式其实还是在项目设置上具有开放性和可复制性，这能够吸纳社会资本的参与。在法律层面需要规避国家对金融集资之类的监管。以项目为中心来卷动资本，让参与者自主独立经营的模式还是比较有优势的。对于企业来说，钱多多益善，但是融资风险需要降到最低。让别人自己带着资金前来投资当然是最好的方式了。

在创业者心中，最值得信任的投资人，绝对不是单单在金钱上支持你的，而是能通过各种资源，用心帮助创业者有效提升价值的投资人。

尤其公司处于初创时期的创业者，很容易在整个运作及行业的方向把控上陷入迷茫，在这个时候，投资人就应当撑起导师的角色，帮助创业者答疑解惑。

良好的关系一定是建立在平等基础之上的，投资者应该尽可能地尊重创业者的梦想，只有在双方充分尊重的基础上才能进一步拉近关系，打造企业成功的机会就会大大提高。那么，靠谱的投资人，应该具备哪些特质呢？

1. 一个懂行的投资人才是真正的投资人。我们常常听说某某"朋友"有闲置资金，想做投资。但是面对这样的"朋友"，创业者可以接受这种投资吗？笔者认为，答案是否定的。因为大多数情况下，早期创业项目是极度不稳定的，最怕的不是没钱，而是一笔错误的钱。一笔错误的钱不仅并不足以支撑一个产品做到成熟阶段，更严重的是由于其不懂而对你产生过多影响，这将造成比没钱更严重的灾难。选择一个懂行的早期投资人，可以减少对你的影响，可以帮你找到更多的钱来支撑你的项目，甚至可以给你带来一定的背书效应，让你的业务更"可信"。

2. 他不仅要明白你的工作，最好跟你有所互补。如果你是技术出身的人，那么选择产品或者运营早期投资人，将对你的产品有很大的帮助。我们往往喜欢在自己擅长的方向耕耘，却常常遗忘我们的不足之处，选择一个与你互补的人，不仅可以督促，还可以参考彼此的意见。

在创业初期，招聘是一件非常困难的事情。或许在自己擅长的领域，号召许多牛人加入，但是你的劣势领域呢？这个时候投资人或许能够在一定程度上起到背书作用，帮你招聘到一些优秀的人才，来弥补你的劣势。

3. 什么才是真正意义上的资源。"某某公司的 CEO 是我的某某某，你放心吧"、"我会替你搞定某某的，你就安心做吧"，不知道你有没有听过相似的论调，有些人总喜欢把"关系"之类不可量化的"资源"作为一种与你交易的条件。接受不？答案是不要接受。什么是真正意义上的资源？笔者认为，只有可量化的资源才是真正意义上的资源，因为可交易，比如金钱、流量、办公场地。记住，"金钱和交易净化了关系"，而只有纯粹的关系，才能让事情变得更加高效。

事情4 企业找钱需要财务官

想要进行资本运作，想要融资，最先做的事情是什么？无非是需要一个懂融资、有融资经验的专家来操作才能事半功倍。

融资是一个专业的事情，绝不是想要钱就能够在资本市场要到钱的，很多人都把融资当成了企业的一种暂时之需。实际上资本运作应该贯穿企业经营的始终。可惜这种策略在很多企业没有得到贯彻，这使得很多企业失去了发展壮大的机会。

阿里巴巴之所以能够成为互联网商业帝国，跟马云的团队分不开，这个团队的一步步壮大，更是离不开当初一个得力的财务官。

1999年，蔡崇信在杭州经朋友介绍认识了马云。有两件事情给蔡崇信留下了深刻印象：马云想创建网站（Alibaba.com）这个国际进出口平台的宏愿，以及马云的领袖魅力。蔡崇信辞去了他在AB投资公司年薪70万美元的工作，提出想为阿里巴巴工作，不要钱。马云要求阿里巴巴所有18个创始人——里面只有蔡崇信是西方教育——接受600美元的年薪。

一个投资银行家的加盟改变了阿里巴巴的团队结构，也改变了阿里巴巴的公司架构。如果从现在资本市场的标准来看，当时的阿里巴巴恐怕只能用"一片荒芜"来形容，别说没有制度、标准，就连最简单的公司登记都没有，蔡崇信到了之后，把阿里巴巴的员工集合在一起，在杭州湿热的夏夜里，拿着一块小白板，挥汗如雨地从最基本的"股份"、"股东权益"开始教起，接着又帮创始的"十八罗汉"拟了18份完全符合国际惯例的股份合同，从这一刻开始，阿里巴巴这家"公司"才有了最粗略的雏形。

紧接而来的最大难关就是融资，最困难的时候账上只有200元，为阿里巴巴找钱，也是蔡崇信进入阿里巴巴之后最艰巨的任务，尤其 2000 年前后，网络泡沫破灭，蔡崇信要帮阿里巴巴在市场上找钱的难度可想而知。从蔡崇信进入阿里巴巴起算，阿里巴巴一共经历了 3 次重要增资，每一次都让阿里巴巴脱胎换骨，有了崭新的面貌与股东成员，背后都是蔡崇信操刀、辛苦奔波的成果。第一次增资是 2000 年，也是难度最大的一次，阿里巴巴要增资 2500 万美元。当时正值网络泡沫，蔡崇信找上了日本软银的孙正义。蔡崇信和马云两人赴软银在东京的办公室谈判，投资银行出身的蔡崇信深谙谈判出价之道，即使两人明知当时的阿里巴巴体质赢弱，根本没有多少谈判筹码，但一坐上谈判桌，马云发挥独有的个人魅力，大谈阿里巴巴美丽前景，一旁的蔡崇信虽然话不多，却在关键时刻对孙正义前两次的出价勇敢说"不"。最后两人"完美搭配"，让孙正义点头答应拿出 2000 万美元。这一仗，蔡崇信帮阿里巴巴渡过最危险的难关。此后，2004 年、2005 年，蔡崇信再度发挥冷静清晰的策略分析能力，分别替阿里巴巴筹资 8200 万美元，并合并雅虎中国，这两次重要的翻身，不仅让阿里巴巴有充足的资源，建构"淘宝网"，也因合并雅虎中国，坐稳今天中国第一大电子商务的宝座。

在成为阿里巴巴集团副主席前，蔡崇信担任阿里巴巴首席财务官十年之久，管理着公司的发展。他主导了 2012 年回购雅虎所持阿里股份的交易，那时回购股权花费了 76 亿美元。他作为阿里巴巴集团的财务、投资"总负责人"，阿里巴巴的资金调度、转投资、募资入股，甚至到阿里巴巴即将重新挂牌上市，全部由他统筹负责。蔡崇信身负的业务敏感性不言而喻。

2014 年 9 月阿里巴巴在美国上市，集团首席财务官蔡崇信的持股量和持股比例分别是 83499896 股和 3.6%。按照阿里巴巴最新 2300 亿美元的估值，这部分股份的价值达到了 80 亿美元之巨。

著名投资家吉姆·罗杰斯说："事实上，马云和蔡崇信这对搭档如此成功，大概就是因为他们是如此迥异的两个人。作为一个团队，他们做得非常出色。配合堪称完美。"

工欲善其事，必先利其器，一个企业要想融资顺利并且成功，就需要在融资前物色一位投融资专家。在一个高成长型企业，没有首席财务官的治理结构不是现代意义上完善的治理结构。由于财务数据的关键性、敏感性和极度不对称性，CFO 是绝对的二号人物。而且，大多数创业公司都是奔着上市去的，上市前的融资和上市都是 CFO 全权负责的，所以 CFO 在很多时候要代表公司抛头露面，必须对公司发展战略胸中有数。

所以说，现代 CFO 是适应企业资本营销和人力资本要求而产生的一个关键岗位，是帮助企业实现快速整合快速成长的新型管理者，扮演着"资本家+职业经理人"的双重角色。因此，CFO 是拥有人力资本产权的职业经理。在企业股权设置上，必须考虑给予 CFO 足够多的股份，让他们成为公司股东。而在公司没有相应股份的授权 CFO，肯定没有足够的动力完成企业融资和上市的重任，他们不是真正意义上的 CFO，而是掌管金库钥匙的"丫鬟"。

事情5　理清募投管退流程

所谓的募投管退是创业投资资金的整体流程，具体指资金的募集、投资、管理和退出。

基金的募集，通常采用有限合伙的架构。为什么采用有限合伙企业，因为有限合伙企业才征一次税，就是在退出的时候个人投资者只交个人所得税。如果你是有限责任公司，会涉及两层税制，有限公司要交企业所得税，在分红的时候还要收个人所得税，所以基本上都用有限合伙的模式。目前资金主流募集的对象有：第一个是个人投资者，个人投资者一般是上市公司的高管等人。第二个是机构投资者，有些大机构的集团、财团，像万科、碧桂园、海尔都去投一些股权类的基金。现在一个新模式就是"领头+众筹"。"领头+众筹"模式具体表现在：第一，项目可以众筹，项目众筹有一个领头人，机构大概投50%~60%，然后散户来投。第二，基金的众筹，有一个领头人，然后大家众筹。

说到基金的投资，一般风投人或天使投资人甚至基金公司，拿到100个项目，到立项阶段就会过滤80%，只有20%能立项。立项以后20%又会过滤其中50%，剩下的50%能够进入项目的尽职调查，调查以后进入谈判又会过滤50%，一般100个项目才能投到1个项目，基本上很多基金都是这样筛项目的，只是各家基金的比例不一样。

一旦慎之又慎选择了项目进行投资后，那么对于投后的管理也是很重要的一环，要不然也不能避免出现资金打水漂的风险。

任何一个项目投资以后一定要去管理，不去管理的话也会有问题的。管理分为两部分：第一个是投资的增值服务。增值服务分为：①资源整合。你先把已经投的兄弟公司做资源整合。②人才引进。可以接受一些好的人。③商业模式的梳理。④还有融资上市。因为后面的融资也需要得到大家的支持。第二个是融资的管控和管理。管理非常重要，一是财务三表，二是银行流水，三是人力资源的材料。可以说，这是看一个被投企业后续经营的"三驾马车"。

银行流水反映公司非常真实的情况。有些只看财务报表的话，明明把钱都已经转出去了，这个钱被转走的案例比比皆是，但是财务报表显示银行存款还在，以现金的形式体现。所以要避免这个风险，避免基金的钱被转走。

人力资源的情况就是人员进出的情况。人员进出的情况也是非常重要的，当你发现一个项目上个季度人进得太多的时候，你要跟创始人聊为什么进人这么猛。因为很多初次创业者一看到钱就拼命扩张，后面刹不住车，太多制度跟不上、流程跟不上，人进来也是白进来，进来以后再裁，这种案例比比皆是，所以投资人一定要提醒他。而当一个项目出问题的话先是人员开始变动，可能是总监级的、副总级的开始走了，所以要去看看人员变动。

在投后管理做到位后，还有最后一环，就是资金的退出环节。并购的时代已经来临了，并购是未来主要的退出方式。并购相对比上市会容易一点，难度也要小一点，并购的速度会比较快。

融资企业，如果能明白投资者对于基金的募投管退流程，也就更能知己知彼，知道自己需要在哪个环节上补课，需要重视哪个环节，这样才能做到既能融资成功，又能保证投资人收益。

第八章　连锁融资的四种方式

方式 1　从自筹资金到众筹融资

一个产品从无到有，不过三点：市场、资源、团队。这些宏观的套路与道理，路人皆知，能说的话 20000 字都不够。但这一次，抛开情怀、抛开套路、抛开计划，只谈钱。一个项目想要拿到钱，传统的打法无非是自筹资金。也就是说，在项目贷款中，贷款银行仅提供这个工程项目基建费用的主要部分资金，其余的资金须由借款方自筹解决。主要来源有以下几个渠道：地方自筹资金，部门自筹资金，企业、事业单位自筹资金，集体、城乡个人自筹资金等。过去，如果你不靠别人，也不需要更多的钱去扩张和稳固竞争，靠有限的自筹资金慢慢发展可能还行。但是目前的创业业态发生了很大的改变。很多公司都是依靠资本催熟的，像滴滴打车、饿了么、美团等，就是比谁更快，谁更有钱。其实，前期起步阶段，大家差得并不是太多，但是随着资本进来，立马就见分晓了。你的竞争对手拼命砸钱，把用户圈进来，做漂亮数据，拿更多的钱，再砸更多的钱。而你这些没拿到钱的企业，就等死，或者等着被对手收购吧。

钱和钱的价值是不一样的，有些投资机构，或者战略投资者的钱特别有价值。这主要体现在投后的管理——增值服务上，能不能帮助你更好、更快发展。比如，你在创业的过程中迷茫的时候，投资人可以给你一些点拨和启发，让你不要偏离方向；帮你找人；帮你对接下一轮的融资；直接给你导入庞大的用户等。在项目的启动阶段，这些增值服务非常可贵，可能就是因为你领先那么一点点，你离投资圈的顶级投资人更近一些，就让你抓住了某个机会，让自己的项目出现重大突破。

正是因为这样的商业竞争和经济生态环境，使得企业做项目融资不再局限于自筹资金，而是发展到了众筹融资。

众筹作为一种商业模式，最早起源于美国，近年来在欧美国家迎来了黄金上升期，在欧美以外的国家和地区也迅速传开。我国学者也对此进行了研究，黄健青指出，与传统融资不同，众筹模式具有化解信息不对称问题、降低融资风险、搭建民间投资便利平台、"非中介化"融资的特点。可见，与传统融资模式相比，众筹融资无疑为解决中小企业融资难问题提供了一条新思路。

众筹已经成为了初创团队融资的新途径。不管多少企业众筹成功或失败，不可否认的是，越来越多的初创团队将众筹看作是一种新的融资方式，它改变了初创团队的发展道路。虽然团队初创期众筹融资是必要的，但必须清楚的是，对于一个初创团队来说，众筹是天使，也是魔鬼；众筹可以成就你，也可能毁灭你，而关键就在于你对众筹了解多少。所以，如果初创团队想玩众筹，就一定要想清楚一些问题，以便于更好地把握。

2015 年最高调的京东众筹，其融资额已经成为行业第一，明星项目"三个爸爸空气净化器"更是创造了 1122 万元的众筹纪录。京东众筹涉猎广泛，科技、创意、文娱，依托电商强大的流量导入和京东金融不惜投入的宣传，京东众筹的疯狂增长还在继续。不过，项目之间的竞争也十分激烈，小项目有没有生存空间还有待观察。

此外，淘宝众筹、追梦网等综合平台，乐童音乐、魔点网（游戏）等垂直领域的众筹平台也都值得考虑。当然，如果创始人名气足够大，也可以采取微博、微信等渠道进行跨界众筹，就像罗振宇的《罗辑思维》一样。

"三个爸爸空气净化器"，京东众筹时同步发动了诸多微博大V、微信名人转发，线下有多个渠道配合宣传，创始人戴赛鹰还上传了一段自己的视频访谈。雾霾引发全社会担忧的背景下，投入巨大、单价较高的"三个爸爸"最终筹资1122万元并不令人意外。

如果想要复制这样的成功案例，初创团队需要先讲出一个好故事（没有也得编），最好能引发目标人群的情感共鸣。运用好文字、图片、视频等媒体形式，全方位、无死角地展示你的产品和团队，尽量让别人对你产生信任感。当然，微博、微信等渠道的意义同样巨大，但要侧重传播你的故事、价值观，而不要沦为"代购党"一样的集市吆喝（小心被拉黑）。对支持你的人好一点，回报要超值，虽然这会导致你亏本，但可以吸引更多捡便宜的人帮你抬轿，以免冷场。

当然，这些都是手段，能不能成功最终还要看你的产品是否靠谱。一旦产品和项目靠谱，借助网络众筹融资也不失为一种很好的筹资选择。

众筹融资是互联网金融的一种重要形式，主要有项目发起人（筹资人）、公众（出资人）和中介机构（众筹平台）三个有机组成部分。借助网络平台，创意者或者小微企业项目筹资人在众筹网站上建立自己的页面，向出资人介绍项目情况，并设定项目融资目标与期限，筹资人必须在规定的时间内完成融资目标。

但与美国相比，众筹融资模式在国内不仅鲜为人知，而且将遇到更大阻力，很可能被当作非法集资。在实际运作中，由于国内法律的限制，众筹项目发起方通常给予资助者以未来产品、衍生产品等回报，这些产品的上市价格往往高于客户的支持资金，以此吸引更多客户资助。

方式2 向机构找钱，要熟知投资者的喜好

一般来说，一个公司从初创到稳定成长，需要三轮投资：第一轮投资大多来自个人的天使投资作为公司的启动资金；第二轮投资往往会有风险投资机构进入，为产品的市场化注入资金；而最后一轮则基本是上市前的融资，来自大型风险投资机构或私募基金。

个人投资也称天使投资人，属于风投的一种。通常是创业企业家的朋友、亲戚或商业伙伴，由于他们对该企业家的能力和创意深信不疑，因而愿意在业务远未开展之前就向该企业投入大笔资金，一笔典型的天使投资往往只是区区几十万美元，是风险资本家随后可能投入资金的零头。通常天使投资对回报的期望值并不是很高，但10~20倍的回报才足够吸引他们，这是因为他们决定出手投资时，往往在一个行业同时投资10个项目，最终只有一两个项目可能获得成功，只有用这种方式，天使投资人才能分担风险。

天使投资主要看人，人是极其复杂的动物，要想对一个人做出判断就必须和他打交道，深入了解他。由于这个过程依赖大量的经验和直觉，很难进行理性的分析，因此履行这个任务、做这个决策的，一般都是个人投资者，这也是"天使"这个称号的来历。此外，由于尝试和探索所需的资金量一般不是太多，个人投资者出得起，且项目越早期风险越大，所以天使投资的金额一般也较小，一般都在500万元以下。

天使投资也属于风险投资，只是出现得更早，风险更大，同时回报也可能更高。随着越来越多的互联网公司上市，大量掌握大笔资金，熟悉上市流程，和投资机构关系密切，了解行业动向，具有大量人脉的前互联网公司高管开始成为专业的天使投资人，他们是最合适的天使投资人选，也会有相当

多的好项目被他们挖掘得以成长。

项目或企业成长到一定程度，风险投资就成了第二步选择。

风险投资是把资本投向蕴藏失败风险的高新技术及其产品的研究开发领域，旨在促使高新技术成果尽快商品化、产业化，以取得高资本收益的一种投资过程。风险投资有以下特征：

1. 投资对象多为处于创业期的中小型企业，而且多为高新技术企业。

2. 投资期限为 3~5 年，投资方式一般为股权投资，通常占被投资企业30%左右的股权，而不要求控股权，也不需要任何担保或抵押。

3. 投资决策建立在高度专业化和程序化的基础之上。

4. 风险投资人一般积极参与被投资企业的经营管理，提供增值服务；风险投资人一般也对被投资企业以后各发展阶段的融资需求予以满足。

5. 由于投资目的是追求超额回报，当被投资企业增值后，风险投资人会通过上市、收购兼并或其他股权转让方式撤出资本，实现增值。

一个项目经历过种子期的摸索，探索到一条有较大可行性的道路时，便进入成长期。企业进入成长期以后，战略基本成型，准备着手投入资源去实现这个战略，其中资金是关键资源。这个时候投进去的，就可以算作风险投资了。所以，风险投资是企业战略初步成型以后用以支撑企业去实施战略的投资。

此时企业刚刚在市场上取得一些成绩，或者看到了一些成功的苗头，但企业自身的资源不足以支撑它，需要引进外部资源。对投资者而言，企业战略所隐含的关键性假设通过市场已经有所验证，此时可以对项目进行理性分析，并能够对面临的风险进行相对准确的评估。这就有了机构化投资的基础，即实际的出资人可以委托专业的投资人士进行操作并对投资人士实施监督，从而在投资领域产生了委托代理关系；另外，这个阶段企业需要的资金量相对比较大，如果由个人投资者投资将很难分散风险，因此投资的机构化也成为必然。因此，风险投资（VC）一般是以基金的方式实行机构化运作的，投资额一般是千万量级。

这个阶段一过，再融资就到了私募股权投资（PE），是通过私募形式募集资金，对私有企业，即非上市企业进行的权益性投资，从而推动非上市企业价值增值，最终通过上市、并购、管理层回购、股权置换等方式出售持股套现退出的一种投资行为。此时企业在市场上已经取得了一定程度的成功，企业通过稳定的经营已经能够从市场上可持续地获取经济资源，并已经取得了一定的市场地位，短期内不会再面临生存的问题。此时企业融资的需求相对多元化，有些是为了规范上市，有些是为了实施并购进行产业整合，有些则可能是延伸业务线，不一而足。但它们都有一个共同的特征，即企业进行PE融资的目的都是上更高的台阶。对投资者而言，此时企业自身拥有的经济资源已经较多，尽管投资的金额一般较大，因为金额小了企业靠自身积累或者银行贷款就能解决。但通过对赌、回购等契约条款能够将投资的风险大小锁定在一定的范围内，因而风险较为可控，PE投资者期望的是在较短时间实现较高收益，图的是快进快出。另外，此时企业某种意义上并"不差钱"，融资往往着眼于长期战略或者产业资源整合，因此，要求投资者不仅出钱，还需要具备一定的产业背景或其他资源，以协助企业顺利完成目标。如果说天使拼的是眼光，VC拼的是判断，那么PE拼的就是资源。

企业要想向机构融资，就要深谙各个阶段需要的融资策略并熟知投资机构的喜好和风险承受能力，这样才能知己知彼，做到正确匹配，定向融资。

方式3 债权融资：借贷有讲究

债权融资也叫债券融资，是有偿使用企业外部资金的一种融资方式。债权融资是指项目主体按法定程序发行的、承诺按期向债券持有者支付利息和偿还本金的一种融资行为。

在各类债券中，政府债券的资信度通常最高，大企业、大金融机构也具有较高的资信度，而中小企业的资信度一般较差，因而，政府债券的利率在各类债券中往往最低，筹资成本最小，大企业和大金融机构次之，中小企业的债券利率最高，筹资成本最大。

与商业银行存款利率相比，债券发行者为吸引社会闲散资金，其债券利率通常高于同期银行存款利率；与商业银行贷款利率相比，资信度较高的政府债券和大企业、大金融机构债券的利率一般低于同期贷款利率，而资信度较低的中小企业债券的利率则可能高于同期贷款利率。此外。有些企业还发行可转换债券，该种债券可根据一定的条件转换成公司股票，灵活性较大，所以公司能以较低的利率售出，而且，可转换债券一旦转换成股票后，即变成企业的资本金，企业无须偿还。

债权融资，目前国内的手段相对单一，银行成为最主要的来源，这也是中国企业融资难的根源。而大量债权类融资需求是通过多种其他金融工具来满足，有的甚至需要结合项目的风险收益特征及其结构，通过各种金融工具的组合来实现。具体方式主要有以下三种：

一是商业信用，主要是说企业之间由于预收账款或延期付款而形成的常见的信贷关系。这种债权融资方式的成本较低，但是由于其一般情况下比较分散且交易额度不高，因此使用率也相对很低。

二是银行信贷，可以说这种债权融资方式几乎成了大多企业筹集资金的唯一正式途径。颇具稳定性、筹资金额大、可信度高等特点，使得这种债权融资方式为大多数企业所钟情。

三是企业发行债券，其是一种自主高效的筹资方式，带有分散性、可退出性和灵活性。

债务融资是企业融资的重要方式。债务融资可进一步细分为直接债务融资和间接债务融资两种模式。一般来说，股权融资方式预期收益较高，需要承担较高的融资成本，而经营风险较大；而债务融资方式经营风险比较小，预期收益也较小。

就债务融资而言，制定合适的风险策略是一个企业发债能否成功的重要因素，风险策略主要包括企业债券决策时考虑何种经济及风险因素等。

从经济因素看，已发债企业在进行债券融资决策时主要考虑经济因素，首先要考虑的是"相对于银行贷款而言债券融资成本低"，其次是"银行贷款受期限和额度的限制"，再次是"企业有足够的预期现金流"，最后才是"不愿意股权被进一步稀释"等。但是，公司债券加快发展以后，由于债务融资的便利性大大提高，一些建设周期较短、风险较低的投资项目完全可以通过债券市场融资来完成；而股票市场将主要面向一些周期较长、风险较高的投资项目。

另外，股权分置改革之后，股东更加珍惜自身的股份数量和价值，在融资方式选择上将更加慎重，如果债券市场融资能够更加方便快捷，相信能够吸引一部分企业选择债券融资。此外，债务资本的筹集费用和利息可以在所得税前扣除；而权益资本只能扣除筹集费用，股息不能作为费用列支，只能在企业税后利润中分配。

任何企业都有自己的负债极限。企业在负债前必须要考量各方所能接受的"度"，确定企业发展的最佳资本结构，并依据自身情况及环境的变化来调整这个"度"。

1. 正视自身能力，提高还债能力。

企业要提高经营管理的能力，加速资产周转速度增强变现能力，保证偿债期间的现金流量能够按时还本付息。

2. 合理分配资金，提高资金使用效率。

企业负责人要时刻关注公司的经营状况，并及时做出应对决策，将负债所获资金分配到企业生产经营的各个方面，完善企业负债结构。合理运用筹集到的资金，创造出最大的企业收益与价值。

3. 根据利率走势做出合理的融资安排。

利率较高的情况下，企业应当选择短期负债或是减少负债；利率较低时，企业负债成本也会相应降低，则可选择适度加大负债量。

4. 树立风险意识，建立合理有效的风险防范机制。

如果企业具有较好的风险意识，能够合理评估和预防风险，并将风险控制在可接受范围之内，那么，采用任何融资方式，企业都会取得较为顺利的发展。

方式 4　连锁筹资：借钱借人借资源

要想走得快，一个人走；要想走得远，一起走；雇佣制已死，事业合伙人已崛起，中国已进入一个资源整合、人人持股、异业打劫时代，而这都涉及股权连锁众筹业务，涉及企业的顶层设计问题，这都急需懂股权架构、股权激励、众筹架构、连锁的企业或投资人介入。只有明白连锁筹资的终极目标是筹人筹钱筹资源，才能摆脱以往那种单打独斗的模式。

众筹最初是艰难奋斗的艺术家们为创作筹措资金的一个手段，现已演变成初创企业和个人为自己的项目争取资金、点子或人脉的一个渠道。众筹网站使任何有创意的人都能够向几乎完全陌生的人筹集资金，消除了传统投资者和机构融资的许多障碍。

在筹集资金的同时，还可以发布产品、开启产品预售，或寻找风险投资。

这就是多方面筹集资源。

我们看一个创业众筹的案例·

小李大学所学专业是电子商务，毕业后，他想在自己家乡——一个二线城市开一个互联网众筹咖啡吧。因为，他这个年龄段的小伙子，大多都有一颗文艺的心，一生有两个梦想：一场说走就走的旅行，一个属于自己的咖啡吧。

于是，他大学毕业之初就开始接触一些咖啡的业务。但是他工作周边的咖啡吧生意普遍不景气，很多都在转让。做移动互联网的经验告诉他，应该结合自己的专长做一家有特色的咖啡吧。但是手头资金又不是非常宽裕，所以他想到了众筹。他在朋友圈发起众筹后，短短两周就有近40名股东入股，每股5000元，股东出资5000~20000元，最终筹集到近30万元。

这些股东大部分都是他的同龄人，除了出钱，咖啡吧的各种装饰用品都由其提供，股东还实行轮班制，保证和体现股东的主人翁地位。股东的朋友要是来店里消费，还可以获得以股东名义相赠的礼品，这样能保证一定的客源。

就这样，通过众筹，小李空手创业之初就筹到了钱和资源，甚至还有潜在的客源。小李的咖啡吧不收现金，所有消费都通过微信、支付宝来完成。他们众筹的这家咖啡吧所有的咖啡、酒等饮品都有二维码。据了解，在整个众筹的过程中，股东之间互相联系、付款、讨论等基本都是利用微信朋友圈、支付宝等方式完成。众筹了咖啡吧的小李，还间接为其他同学带来了资源。

左左是小李的同学，看到小李创业众筹成功，于是也准备创业。她说："我想筹备一个平台，让大家免费学习国学知识，但是不知道如何具体地运作。"在朋友的建议下，她特意在微信朋友圈发起了一个众筹——创业"筹智"研讨会。于是约好的40个人齐聚小李的咖啡吧，为左左创业出谋划策。这些人大都来自各行业的创业者、主要负责人以及和她同样准备创业的人。

有的企业负责人从企业的整体管理、公司文化给她指导，有的给她财务管理的经验，有的建议她结合所从事的工作经验去挖掘等。经过一下午的讨论，左左有一种豁然开朗的感觉，而且结交了很多优秀的创业者和朋友。

还有一个案例。

一个创业大叔在微信朋友圈里发状态说要把自己开的一个"火红红小龙虾店"做连锁，创始人是两位有故事的"大叔"，于是借助互联网，他们把首家线下餐厅选址北京，并发起众筹，上线24小时，筹得资金超过200万元，最终以370%的认筹额度完成众筹。为了加速全国布局，火红红小龙虾店发布了城市合伙人的英雄帖，最终通过与20多个城市的300多位用户的咨询，经过详谈和实地考察，最终确定了9个城市，每个城市选定了1位合伙人。随后，9位合伙人齐聚，并确定在十个城市同时启动众筹，这位大叔称他们的连锁店为"十城十店"计划。丰富的互联网品牌营销资源和强大的传播矩阵，十城十店同时众筹，让火红红小龙虾的品牌优势形成最大的爆发，获得最大的关注和口碑传播，每一个参与众筹的人，既是经营者，也是目标用户，可以进行良性的传播。

当众筹正式启动，众筹额度分为了四档，最低档200元，最高档35000元，每一档都有相应的回报，免费试吃，甚至成为联合发起人，并设有上限人数。众筹开始的第三天，就破了1000万元。

连锁筹资更大的好处在于，创造了自然形成的顾客。如果你一开始就拥有100名或1000名本地投资者，他们会是加盟商很好的顾客。同时，众筹会成为特许经营商筛选候选人、评估产品需求的一种新颖方式。比如，有可能存在这样一种情况，特许经营商做候选人资格预审时，会视其能否成功以众筹方式筹集资金而定，在一定地段发展特定专营权的愿望达到何种令人向往的程度，这点会反馈给特许经营商。当地社区的人们会告诉特许经营商他们是否希望在这个角落开设一间咖啡厅。

众筹算得上为实现机会均等而迈出的重大步伐。对于那些没有富人人脉的加盟商而言，众筹在他们接近资本这个过程中具有巨大的潜力，从银行获得贷款的情形并不乐观，当下如果你需要 5 万美元或者 15 万美元开创一家专营店，要得到这笔贷款，你必须是有钱人或者你的圈子里有有钱的朋友与家族。而众筹方式下，大家是平等的。

第九章 打动投资者必须做好六个方面

内容 1 连锁需要核心竞争力

企业的核心竞争力，就是别的企业学不走，企业人才流动带不走，市面上花钱买不来的竞争优势。对这段话的理解，我们可以得出企业核心竞争力的三个基本特征：

1. 企业的核心竞争能力应当是竞争对手难以模仿的能力。

2. 企业的核心竞争能力是企业组织内部经过整合的知识和技能。

3. 企业的核心竞争能力是企业经过长时间积累而具备的。

企业核心竞争力的取得与企业的核心资源有着直接的关系。那些难以复制、难以模仿并能够为企业带来竞争优势的有形或无形资产，包括基础设施、知识产权、销售网络、营销战略以及客户信息等，是创造核心竞争能力的关键资源。

创业的人很多，做连锁的也不少。有的连锁店关门了，有的连锁店却发展得如火如荼。关于连锁品牌，成功的因素到底有哪些？也许失败的原因会有很多。但成功的原因，都离不开打造核心竞争力。这是连锁企业的生存之道，也是关键所在。所以，做好这一点十分重要。那么，怎样提高和打造连锁企业的核心竞争力呢？

第一，在市场动荡竞争残酷的经济大潮中，品牌已经成为赢得顾客忠诚和企业长期生存与成长的核心。而品牌能否在市场上站稳脚跟，独树一帜，决定着企业在全球范围内的盈利能力。经济学家张维迎教授指出，要建立品牌的核心竞争力，就必须先建立企业的核心竞争力。比如，某些技术、技能和治理机制等。实践证实，一个连续成功的企业必定有其核心能力，这种能力需要开发、培养、不断巩固以及更新。

2013 年，名创优品成立。短短三年，就在全球开店 1000 多家，2015 年营收突破 50 亿元，2016 年突破 100 亿元，被无印良品、优衣库、屈臣氏列为"全球最可怕的竞争对手"。名创优品不只是品牌，更是一种生活方式。它不会刻意强调所谓的流行时尚或个性，也不赞同受欢迎的品牌就应该抬高身价。相反的，名创优品是从未来的消费观点来开发商品，那就是"还原产品本质"，为消费者提供优质低价的产品，真正满足人们对生活品质的追求！可谓品质优良，价格平民。

第二，核心竞争力来自不断地满足客户的需求。未来竞争优势来自以客户为中心的组织，而不是市场营销。品牌作为一种关系，是基于企业与客户之间相互信任的前提条件建立起来的，所以品牌治理的策略应该是让客户与品牌之间建立一种水乳交融的合作伙伴关系。某种程度上，品牌等同于客户，拥有客户就拥有品牌，满足客户需求客户关系的能力是衡量企业品牌竞争力的一项重要指标。

肯德基和麦当劳卖的仅是汉堡吗？去过肯德基和麦当劳餐厅的人恐怕都有这样的感触：明亮整洁的店堂、笑容可掬的服务员、小巧玲珑的儿童游戏天地、舒适的座椅、干净的卫生间等，这些都是其"完整产品"的一部分，连洗手池一高一低的设计也是其为目标客户群考虑特别周到，使消费者感觉十分舒服。这些事情看起来很简单，不过正是这些细微之处体现出了差别，显示了其企业在产品上走差异化战略的竞争优势。

对于喜欢喝咖啡的人来说，星巴克是一个耳熟能详的名字。有人把星巴克概括为"一家有病毒般繁殖能力和宗教般信仰的公司，一家有灵魂的公司"。

星巴克的产品不仅是咖啡，而是以咖啡作为载体，把一种独特格调文化传送给顾客。星巴克创造了一个第三生活空间。事实上，很多人上班的时候在这里，下班的时候也在这里。他们在这里放空自己，用电脑上网，或者跟客户谈生意。星巴克的经营之道就是营造一个让人的心灵得到休息的空间。这种场景体验，就是星巴克最大的核心竞争力。

企业了解了消费者的需求、掌握了消费者的心态，才能控制消费者的购买行为，获得消费者的偏爱和忠诚，做到比消费者自己更了解其内在需求是企业制胜的关键，只有这样才能掌握竞争的主动权。那些靠价格战暂时辉煌的企业是坚持不了太长时间的。

第三，恪守连锁品牌的商业信用。信用是一种资本、一种财富，美国总统富兰克林在《给年轻商人的忠告》中有句精辟的名言：信用就是金钱。市场经济的核心是信用经济，而以商业承诺为基石的品牌竞争力核心也必然是信用。反思成长中的中国品牌，其致命弱点就是"轻于承诺，耽于信守"。如何给企业品牌建立信用，并进而转化为企业的无形资产，让消费者心甘情愿地从自己的口袋里掏出钱购买企业的产品呢？笔者认为，你的客户就是你的品牌，品牌是一种感觉，是存在于人们心中的一种无形资产，而不是产品本身，消费者越来越倾向于购买产品的附加值，更垂青于"情"建立起来的信用。当今社会里，只有强势品牌才能生存下去，而强势品牌则可以创造品牌忠诚，树立强势品牌的根基就是信用。

有人研究海底捞，认为"海底捞你学不会"。作为餐饮行业最常考核的指标（KPI），比如利润、利润率、单客消费额、营业额、翻台率，海底捞统统不考核。他们只考核这三样：客户满意度、员工积极性、干部培养。

有人说，海底捞的服务真的"有毒"。大家都说服务是海底捞的核心竞争力。但董事长张勇却不这样认为，他说海底捞的核心竞争力是他自己独创的，能够激发员工创意、热情、积极性的一套海底捞人力资源体系，这是海底捞自己摸索尝试出来的，也是餐饮行业所独有的。正因为有了这套体系，才会有极致的服务。而极致的服务也为海底捞打造了过硬的口碑。

所以，连锁企业真正的核心竞争力很多，无论品牌树立和消费者需求把握，都要求连锁企业秉持一种理念和精神：一定要提供超出大众期待的产品或服务，让消费者无论从体验上还是价格上再或者从产品使用上，都觉得物超所值，这就是最核心的竞争力。

内容2 完善商业计划书

很多创业者都是在某种机缘巧合、"形势所迫"或者"初心不改"的情况下开始创业的，手上有现成的资源，有一个"靠谱的"Idea，为什么不来一场说干就干的创业呢？对于很多连续创业者来说，即便不写一份书面商业计划书，心里面也应该有一个完整的逻辑了，这时候，商业计划书的作用无非是把这个"完整的逻辑"表达出来。而对于很多初次创业的人来说，光有一个点子就激动不已还远远不够。

但是很多怀有雄心壮志的创业者，要么是对项目本身的发展逻辑没有想通透，要么就没能将清晰的战略通过简洁的书面材料有效地传达，总有"只可意会，不可言传"之感。有些创业者不愿意向投资人提供商业计划书，相反，他们更希望投资人有兴趣、有诚意就见面聊。殊不知，投资人是一个异常繁忙的群体，每天要开"无数"的会，看"无数"的BP，如果项目的海选也要以面聊的方式进行，那么投资人这个群体的工作效率实在是太低了。所以，投资人在见一个创业者之前，通常希望先看一下商业计划书。

那么，做商业计划书是为了什么？

第一，能够让别人初步了解公司，产生兴趣。这是非常明显的一个点。

第二，商业计划书不单是给投资人看的，这一点很容易被人忽视。所有的创业项目，尤其是早期项目，创始团队才是项目最大的"投资人"。因此，写商业计划书的本质是帮助创业者在"需求、产品（技术）、商业模式、团队、营销、运营、竞争优势"等多个重要方面进行深入思考，为后续发展做好战略部署。

一般创业者总想表达自己想说的，而忽略了投资人想看到的，创业者可以从用户的角度出发，从一个应用场景出发，清晰明了阐释自身产品可以解决什么样的问题，得到哪些方面的价值，解决什么样的痛点，目前达到了哪一阶段以及可能应用到的领域。把以上内容描述清楚，便是一个好的点子的呈现，如果这个呈现能够详细体现在商业计划书里，那么就不愁打动不了投资人。

具体来说，以下三个方面是比较重要的：

1. 为什么选择这个行业？这里面其实涉及你对行业的理解是什么样的，对原有产业的理解是什么。

2. 团队的问题。早期投资，尤其是天使投资，对团队的重视甚至超过了方向。看早期的项目，项目没了解清楚是可接受的，但是聊项目本质的目的，是更好地了解创始人对于这件事情的想法和后续思考，以及思考问题的方式。所以核心关注点还是在人，你的项目只是你思考问题的一个呈现结果。

3. 为什么你能胜出？会有很多团队都来做同一件事情，这可能是一个很好的市场机会，但为什么你这个团队可以做到最好？这可能是投资人最关心的问题之一。如果你能在这方面思考得比较深入，那么投资人对这件事情会更感兴趣。前两个是考量成熟性的标准，是竞争力所在。

商业计划书中的市场分析要先阐述自身所处的行业及该行业整体的市场容量。若该行业是大家很熟悉的行业，总的市场容量便不用多做赘述；如果这个行业于大众而言不是那么熟悉，则可以大概介绍一下当前的市场容量、发展速度、产业链价值、结构及壁垒。

这其中，结构是指整个市场结构是寡头竞争的垄断形式还是非常碎片化的竞争。壁垒是指进入该行业所需的条件。产业链的价值则是指创业公司在更大的市场范围内，跟其下游相比，能够提供的市场产业价值是多少，以后的市场发展空间如何。这会为投资人在其不熟悉的领域作出判断提供参考。

还有，创始人面向投资人做市场分析时，对于自身的整体发展要有一个逻辑性、连贯性的策略，详细明了地解释自身如何从当前的市场进入更大范围的市场，最终得以切入整体市场。这其中，要避免模式、平台、大而全、全产业链、全区域等陷阱，与其在容量巨大的市场获取小份额，不如清晰定位自身状况，选择在容量不大的市场中获取大份额。

在商业计划书中，能够清晰明了地解释收益、支出很重要。在市场竞争中，创业者要建立起一定的商业壁垒，形成一种自我保护模式，使得竞争对手无法通过资金的优势对自身形成威胁，进而一步步得以进入更大的市场，形成商业模式的自我延展。

另外，在对商业模式的描述中，模式越简单、越清晰越好，一味求大求全不可取，小而美也可以，越长、越复杂、变量越多，失败概率越高。

最后还要在商业计划书中分析竞争优势：

1. 在商业计划书中，"我们没有竞争对手"这句话对投资人意味着：

市场规模有限；

商业模式不完善；

从市场角度出发，过于乐观，没有看到替代产品；

调查不彻底，不了解竞争对手与市场情况，没有大局观；

因自身优势不足而避谈竞争对手。

2. 对于竞争分析来说，最好要做对比分析：

找出关键指标，跟竞争公司进行比较，证明自己的优势；

分析竞争对手的产品和服务，找出差异化的道路或者对抗的优势；

分析行业判断关键要素，制造行业壁垒，分析替代或潜在进入者。

3. 竞争战略：聚焦、专注、差异化、发挥成本优势，即不断抬高门槛，制造壁垒。

总之，一份好的商业计划书不仅能够帮助你完善你的创业想法，弥补众多方面的不成熟，甚至是你获得融资、走向成功的一块"敲门砖"。所以，对于创业者而言，你要做的不是立即着手开始你的创业项目，而是赶紧和合伙人修整你的商业计划书吧。

内容3　做好融资路演

作为一家打算融资的创业公司，怎么才能引起投资者的兴趣呢？如果你打算在一次公开路演中演示项目，你就有机会一次性见到很多投资人。类似这样一次性就能面对一群种子轮投资人的机会其实并不多。除了项目的翔实商业计划书外，更少不了重要的一环，就是公开路演。

写好商业计划书，只是融资的第一步。通常，投资人看到商业计划书之后，可以对项目做出初步判断。如果感兴趣，就愿意和创业团队见面沟通，通常是和CEO直接沟通，这种见面沟通也就是通常所谓的项目路演。项目路演通常分为公开路演与一对一路演，无论哪种形式的路演，作为创业者都要

注意以下几点:

1. 要做行业的专家,要对自己所在行业的痛点、格局有深入的洞察。

2. 不要在形式上迎合投资人,要乐观自信,对于投资人来说,不怕路长,就怕战略不清晰,走弯路。

3. 作为团队老大,要富有激情、坚定、执着,表达简洁,思路清晰,需要向投资展现出足够的"战略忽悠"能力。

4. 团队永远第一,尽量少用"我",而是"我们"。

5. 尽量用数据说话,但不要夸大数据预期。

6. 不要回避投资人的疑问,有勇气接受你不能改变的,有能力就尽可能改变你能改变的,有智慧识别这两者,你就是行业的权威!

融资路演是一件非常重要的事情,一旦获得投资人的青睐,就能帮助你的公司腾飞;相反,如果搞砸路演,你的创业想法可能永远无法实现。按照投资人的经验法则,他们所做的 100 笔投资中,大概只有 10 笔能获得成功。如果把上面的经验法则应用到融资路演,就意味着投资人看过 1000 场路演,但只会对其中 100 家初创公司进行投资。从数字来看,这种成功的概率其实非常小。不过,如果能够好好研究路演,或许能让你"赢得回头率",并获得投资。那么,如何做一场超级引人注目,令投资人无法抗拒、难以忘怀的融资路演呢?

第一,要搞清楚路演的真正目的是:

1. 曝光:项目要曝光,要让行业都知道,要让资本圈子都知道!还是要有这个需求!

2. 磨砺:不知道这个项目行不行,这个方式或模式行不行得通,需要有人提问,这个一个磨砺!

3. 投资人:要去见投资人,真正见一些投资人来投这些项目!

4. 上下游资源:进行上下游资源,来对接一下!

第二，要搞清楚匹配度。不是每场路演都适合，匹配度比较高的路演活动，一定要去参与！有些路演可能是一家机构，要区分开目的是领投的、合投的还是众筹的。包括项目的阶段是种子轮、天使轮还是 A 轮，我们要根据程度不同来区别，因为有些路演要分阶段然后公开，是所有人都可以看的还是相对比较私密的，还是一对一的，这些都需要注意，不同的项目需要一定私密性，或者说是在一个相对靠后的区域，不再适合公开了，或者要有一个一对一或者找圈商或专业的服务机构，效果可能会更好，所以说，包括对路演主办方的资质，对项目的帮助有多大，都需要综合考量！

第三，对于路演 PPT 的准备。成功的路演离不开事先做足准备工作，如清晰、大小适中的数字、直观易懂的图表以及 PPT 中可以考量的实际数据，这些是 PPT 路演的一些基础。真正的准备工作要从以下几个方面考虑：有产品的路演、没有产品的路演以及时间的把握。

1. 有产品，就要明确 PPT 的路演顺序，如先讲痛点—营造场景—导出产品—指明用户—说明关键绩效 KPI—介绍团队—最后提出融资需求或出让股份，如果时间够用，还可以讲讲其他竞争对手的规模和自己的应对策略。整个流程中要把重点放在产品上，产品的形态、用户量、用户黏性是最关键的交流内容。其他如团队和愿景，则是排在产品之后的第二关键。

2. 没有产品，重点强调痛点，然后是解决方案（产品），以及联系用户和产品的使用场景。之后讲团队，因为团队是整个交流过程中最重要的部分。

3. 把握时间，通常路演时间都在 3~5 分钟，因此如何在 3 分钟内吸引投资者，是一场成功路演的关键。在开场的前 30 秒，要表现出创业的激情，同时吸引全场的注意力。之后的两分半钟则是专门为对项目感兴趣的人准备的。要以通俗易懂、生动活泼、逻辑清楚的语言，让第一次接触该领域的人也明白你讲述的内容。如果是天使轮，或者第一轮融资的话，不要把太多精力花在讲市场规模、财务预测、竞争对手上。另外，要相信，最好的演讲，源自对行业的了解和产品的优势所带给你的自信，不断的练习和技巧都只是其次。

4. 承诺，很多项目方没有在 BP 里面体现出来需要多少钱，把钱花在哪里，比如说技术、人员、市场，通常就是这些，他从来不说这钱花了达到什么效果，笔者觉得，你花了钱，你能把数据做到什么程度或者说你能在市场做到什么程度，不管能不能实现，都是一个态度！

第四，穿着与谈吐。穿着与谈吐还是蛮重要的，百度之前有个总监就是因为穿了大裤衩去分享，然后就被百度给辞了，很多公司不会再要他了。作为一个创业者，尤其是你还不知道台下到底有多少你未来的投资人或者客户上下游的链接方的情况下，稍微正式一些，起码不能特别随意，注意谈吐，不要讲脏话，要让别人听清楚。

第五，控制时间。在现场时间是有限的，我遇到过有一分钟的、五分钟的、八分钟的各种时间段。你作为一个创业者怎么去体现？这个时候你要和主办方有一些沟通，可能有需要详细展开讲的内容没有展开，这个时候就有些尴尬。

第六，市场。市场要足够大，有足够的想象空间，要做的这个事情一定要做三五年的打算，要有爆发的潜力。因为投资公司逻辑很简单，能不能有一个项目，把我整只基金给赚回来，因为风险投资这个风险是很大的！

第七，把路演讲成故事。讲故事的方式能够引起听者的关注，这已得到论证。此外，这种方式也能让你的路演变得难忘。投资人其实并不喜欢幻灯片、PPT、估值、数字之类的，如果他们想要那些信息，绝对可以不费吹灰之力就能搞定。所以，在投资人面前不要班门弄斧，你可以告诉他们自己的创业故事，每个人都喜欢听好故事，即便是最看重数据的投资人也不例外。

所以，讲一个你的故事，表述清楚。你的重点是要引起投资人的关注，让他们愿意为你投钱，达到这个目的就可以。

什么是成功的路演？就是当路演结束之后，投资人"乞求"要投资你的公司，虽然听上去有些可笑，但并非不可能。如果你能做一场让投资人无法拒绝的融资路演，还怕不能获得成功吗？

内容4 明确具体项目

经常有一些创业者抱怨，我的项目做了好多年，已经基本稳定，并且有稳定的盈利（虽然不多），为什么拿不到投资呢？

这涉及如何理解作为财务资本的 VC 的运作逻辑。大部分 VC 通常采用合伙制方式，由资金管理方向出资方募集而来，每一只基金通常都有约定的期限及投资策略，由于大部分 VC 都投向"高风险、高收益"的成长期项目，因此，VC 在选择项目时更希望投向一个"耀眼"的未来，而不仅是一个"温暖"的现在。也就是说，VC 一般情况下不屑于投一个看上去短期内能赚一些但长期可能无法获得大规模爆发式成长的项目，因为 VC 投资需要通过组合来平抑总体的投资风险。

很多项目路演暴露出来的问题非常多，很多项目连商业计划书都没写明白，以为只要给投资人描绘一个"庞大的市场和美妙的前景"就可以拿到钱——问题是，市场很大，你有没有说清楚跟你的关系？几乎所有创业者都认为自己的项目是独一无二的，是最牛的，坚决不肯拿出来给别人看，但也许在投资人眼里你只是井底之蛙而已。

所以，想要拿到投资人的钱，就要明确具体项目，不要泛泛而谈前景和未来，而是要把项目搞明白，你说得明白，投资人听得明白，最后才有可能投资明白。

项目好是基础，但是要让投资者知道你的项目好，这才是融资成功的关键。有大部分投资人发出感慨："其实有些项目真的不错，但是很多中小企业融资者都不知道怎么去介绍项目，最后搞得词不达意，投资者听得毫无兴趣，这才是真的可惜。"

在融资之前，总会有一些可以避免的错误，比如：

有些中小企业融资者认为拿到钱就好，根本没考虑过自己的项目适合什么样的融资渠道。不同的融资渠道，资金的引进和退出都有很大的差别，有些融资渠道投资者资金进来以后甚至会介入项目的运营管理。这就要求中小企业融资者了解当前经济形势和本行业投融资动态，特别是有必要研究一下本行业企业近一年有哪些成功融资案例。

中小企业融资者确实很重视商业计划书，但是有的商业计划书动不动就上百页，投资人连翻一下的兴趣都没有。很多投资者一天要看十几份甚至几十份商业计划书，你要是一开始就不能将自己项目中投资者感兴趣的重点问题阐述好，投资者根本没兴趣读下去。有些看过无数项目的专业投资人甚至表示："商业计划书如果超过一页纸，我连打开的兴趣都没有。"

所以，明确自己的具体项目很关键：

1. 项目是做什么的。

2. 项目的市场前景有多大。

3. 未来 1~2 年内的战略规划。

4. 你打算怎样打开市场。

5. 项目什么时候才能盈利。

6. 你的财务规划是怎样的。

7. 你打算融资多少额度。

8. 我们给你的这笔钱你准备怎么花。

9. 告诉投资者你的产品为什么重要，它能解决什么问题，能填补市场哪一部分空白。

10. 带上你的样品。如果你有项目或产品的样品，无疑会让投资者以更直观的方式理解你的创意。

项目展示虽然只是融资进程的第一步，但是在这一过程中如果不能很好地打动投资者，那么一切计划都会成为泡影。因此提醒广大中小企业融资者，在项目展示前做足功课，仔细了解你的投资人，机遇只青睐精心准备好的人。

内容 5　提高创业团队素质

许多投资人挂在嘴边的投资哲学就是"不投事，只投人"。事实上，更确切的说法应该是投资者更青睐一个团队，如果发现融资者的团队有素质，有凝聚力，那么在投资倾向上就会更偏向一些。所以，创业要提高创业的团队素质也是吸引投资者必不可少的重要一环。

靠素质立身，靠勤奋创业，靠品德做人是创业路上必不可少的。前进路上，难的不是看市场、定策略，难的是搭班底、带队伍、打天下。

创业团队组建的基本原则应该是：目标明确合理、人员之间互补、精简高效、动态开放。

目标明确合理原则。目标必须明确，这样才能使团队成员清楚认识到共同的奋斗方向是什么。与此同时，目标也必须是合理的、切实可行的，这样才能真正达到激励的目的。

互补原则。创业者之所以寻求团队合作，其目的就在于缩小创业目标与自身能力之间的差距。只有当团队成员相互间在知识、技能、经验等方面实现互补时，才有可能通过相互协作发挥出"1+1>2"的协同效应。

精简高效原则。为了减少创业期的运作成本、最大比例地分享成果，创业团队人员构成应在保证企业能高效运作的前提下尽量精简。

动态开放原则。创业过程是一个充满了不确定性的过程，团队中可能因为能力、观念等多种原因不断有人离开，同时也有人要求加入。因此，在组建创业团队时，应注意保持团队的动态性和开放性，使真正完美匹配的人员能被吸纳到创业团队中来。

除了团队组建原则，团队还要具备基本的创业精神。比如，两种创业者：A 创业者，热衷于参加各种路演、比赛、聚会、媒体活动，与名人天使们合影，并从中获得某种光环和"成就感"。

毫无节制，没有策略，不加选择地约见投资方，学习各种不入流的技巧，捕捉层出不穷的热点，猜测他们的想法，绞尽脑汁攻克他们貌似专业的提问，并把回答本身当成正确答案——而不思考他们是否提出了正确的问题。

刚融到一点资金，就忙不迭地昭告天下，吸引眼球，制造话题，大肆炒作，而不思考吸引来的关注和用户是否符合产品核心价值，能否真正检验产品的本质有效性。

作为团队招聘方或应聘者，过于宣传/关注办公装修、硬件配置、零食种类、旅游目的地、礼品种类以及异性比例。

对薪酬、股权、估值、融资等关键词的热衷，超过对事情本身价值的思考和对其中挑战的兴趣；在社交媒体与朋友圈刷屏各种不可不读的创业语录、秘诀、捷径，兴奋得夜不能寐。

再看一下 B 创业者：仔细思考权衡后，安静地辞掉高薪稳定的工作，并记得和前老板同事们保持良好关系（必要时延迟告知亲人），但努力说服配偶或另一半支持这一决定，并在经济上做长期准备；深入思考并列举其挑战，从宏观到微观去学习，考虑如何有策略地实现，开始看到其中的难度和复杂性；看到难度之后，更加确信其长期价值，对股权的要求超过薪酬，乃至主动提出降低工资。在贪婪和恐惧之间，拿捏到某种微妙的平衡。

对所有带有"如果……就……"句式的报道失去兴趣，一是从中看出了业余人士无法看出的漏洞，二是忙着解决真正棘手的问题，无暇评论。

开始严格规划时间表，不仅思考执行的顺序，还权衡其价值。不再满足于表面的忙碌，而更关注有效性，有策略地偷懒，尤其是独自一人时。

作为团队一员，开始思考金钱的效率，包括对自己工作硬件与差旅预算是否过于奢侈感到担忧。

谨慎克制地管理时间、资本与媒体，对外界一切保持猎豹般的冷静、警惕和敏锐，如麋鹿般的友好和真诚态度。

笔者理想中的团队行为，B 创业者带领的团队应该更胜一筹，尤其在早期。

那么，靠谱的创业团队创始人到底是什么样呢？笔者认为，优秀的创始人至少应具备以下五大素质：

1. 对创业有持续热情。对创业的持续热情是成功的首要因素。创业是一个异常艰辛的过程，选择这条路注定要迈过很多坎、经受各种风浪挫折，没有持续的热情根本熬不过去。创业中遇到很多困难，如果没有发自内心对工作的热情、对事业的执着、对成功的渴望，很容易丧失斗志，半途而废。当初孙正义投资阿里巴巴的时候，说看到马云在讲述他的企业梦想时眼里散发着灼热的光芒，就相信他一定会成功，这正是因为他看到马云对这份事业充满了激情。

2. 有大格局。心有多远，未来就有多远；格局有多大，事业就有多大。在现实生活中，一个拥有大格局的人，对外能够服众，对内能够保持以大局为重的清醒，做出明智的人生选择。一个创业者对项目定位、方向、模式、团队的思考能体现他的格局观，投资者首选投资对象必须既有改变现状、重塑未来的远大志向，又能合理定位、找准切入点，还能立足当下、从点滴做起。综观创投界，产生成千上万倍回报的投资案例，绝大部分是对行业格局甚至整个世界产生深远影响的企业，这些企业的背后则是那些拥有大格局的企业家。

3. 有学习能力。学习能力为什么很重要？因为中国的企业家很累，中国的创业者更累，创始人必须是个全才，既要懂行业、懂产品、懂技术、懂营销，还要知道怎么带团队、怎么跟政府打交道，基本所有的事情都要亲力亲为。所以创业者必须学习，而且学习的速度还要很快，不然在激烈的市场竞争中将难以为继。

4. 有创新思维或创新技术。没有创新，就做不出竞争壁垒，就不可能长期持续发展。通过模式的创新、思路的创新，一个项目可以快速地获得用户，并提高用户使用效率、降低用户使用成本、提升用户体验，从而初步建立起竞争壁垒。同时持续创新的能力也必不可少，以应对越来越多的模仿者和追赶者。因此创新思维对创始人而言必不可少。

如果既有创新思维又有创新技术，那就更完美了。因为创新技术更难复制一些，树立的竞争壁垒更高，能够领先竞争对手时间更长一些，所以技术创新的项目越来越受到投资人的青睐。

5. 要善于与人沟通。作为公司的大脑，创始人需要面对合伙人、员工、客户、投资人、媒体、工商税务等，其是否拥有优秀的沟通能力就显得格外重要。当合伙人之间对发展方向产生了争执、当员工之间产生了纠纷、当客户对采用公司还是竞争对手的产品犹豫不决时，创业公司由于规模限制，出现这些问题时往往需要创始人亲自披挂上阵予以解决。如果没有好的人际交往和沟通能力，公司内外的关系就无法理顺，更别提高速发展了。

优秀的沟通能力还包括把自己的看法、观点很好地展示出来的能力，特别是让那些对你想阐述的事情事先缺乏了解的人能够清楚领会到你的意图和观点的能力。有些创业者可能技术和专业能力非常强，但面对那些对技术和专业能力欠缺的人时，往往不能很好地将自己做的事情用通俗易懂的话表达出来，这往往会导致错失很多机会。

基于这些，具备了组建团队的原则和创业精神，并且有一位优秀的团队创始人和领导者，才能提高企业团队整体素质。

内容6 打造魅力人格体

任何一个创业团队，任何一个创业项目，最后解决的无非是卖服务或卖产品，也就是做营销。吸引投资者青睐的前期就是要把自己推销出去，融资成功后还要对内打造领导者的魅力人格体，让整个团队的人愿意追随。

在以人为本的生意中，人们即使看中产品、选中公司，更重要的还要选择一位有品格魅力的领导人。

"做正直的人，做正确的事"是目前很多团队对团队领导人在品格方面最高的要求。做正直的人，意味着团队领导人应该做到没有欺诈行为、没有煽动行为、没有为个人私利损害团队利益的行为、没有个人英雄主义的行为、没有盲目崇拜的行为、没有损害公司利益的行为等有损团队形象的行为。

一个具备优秀品格的团队领导人还应具有对团队成员完善的爱心，对团队成员的尊重和理解，使团队成员感到在团队这个大家庭中的温暖。

做正确的事，意味着团队领导人不能带领团队成员做违法乱纪的事，不能拉线、抢钱，依法从事业务运作，按公司的规定拓展市场，严于律己、宽以待人。俗话说："上梁不正下梁歪。"

团队领导人的品格直接关系到团队的命运。一个具有品格魅力的团队领导人能带领出很多具有品格魅力的团队成员。看一个团队领导人是不是优秀，他的品格魅力是不是大于一切，一个优秀的团队领导人是不是具有众多追随者，这些都源自其品格的力量。

有人称创业凭的是梦想，能激发人们曾经想都不敢想的事，做没有尝试过的事，帮助有梦想的人梦想成真。尤其在创业之初，不仅要求团队领导人自己有足够大的梦想，还要有足够的造梦能力。

世界上很多事情都是梦想成真的结果。人类从远古时代就渴望能在天空飞翔，而人类不像鸟儿一样有翅膀，人们就借助外力，在自己的身上加一对翅膀，这就有了载人风筝，经过人类几千年的努力和科学技术的发展，终于有了飞机。这一切都源自人类一个古老的梦想才得以最终实现。优秀的团队领导人先是个造梦机器，把握一切机会帮助团队成员重塑心中的梦想，并让他们把梦想放大，使他们有足够大的梦想，才能成就大事业。

所有伟大的成功者都是梦想的实践者和成就者，他们深知梦想能带给人类无与伦比的力量。团队的领导人既是梦想的实践者，又是梦想的缔造者。能给团队造一个大梦想，能激发团队成员的大梦想，用梦想去打造团队，团队才能梦想成真，个人才能梦想成真。

一个企业的领导人身边会聚集形形色色为其工作和提供服务的员工团队，每一个初入企业的员工，如同进入了一个全新的世界，他们观察团队的气氛、团队成员的整体精神面貌，他们的去留直接关系团队的扩大和业务的拓展，此时，团队领导人的凝聚力和团队协调作战能力就显得尤为重要了。其实，对于大多数人来说，进入这个行业，赚钱只是一方面，更重要的还是需要一种团队的气氛，这种团队的气氛就是靠团队领导人的个人魅力和凝聚力打造出来的。

一个具有人格魅力的团队领导人，往往能把不同年龄、不同性别，甚至不同肤色、不同种族的人聚集在一起，使团队成员为了共同的使命而从事这项事业，依靠团队获得成功。

只要是由人组合成的团队，团队成员就一定会有意志消沉和遇到困难及挫折的时候。在这种情况下，团队的领导人应首当其冲地承担起激励团队士气、帮助团队成员渡过难关的责任。有一些团队成员，在面临团队管理时，显得力不从心，甚至不知如何下手，处于一片茫然的状态，如果这时团队领导人能给他们一些鼓励，能帮他们带动一下团队，一个迷茫中的团队可能很快就能进入积极的状态，启动一方市场。

当团队成员获得进步和成长时，团队领导人给他们必要的鼓励，分享他们成功的喜悦，进而可以激励他们增强成功的信心。做到这些就是一个具有人格魅力的管理者和引领者。

第十章 选择符合当下商业环境的路演方式

方式1 概念营销，怎么做

概念营销，是指企业以某种有形或无形的产品为依托，借助现代传媒技术，将一种新的消费概念向消费者宣传推广，赋予企业或产品以丰富的想象内涵或特定的产品品位和社会地位，从而激发目标顾客的心理共鸣，促使消费者购买的一种营销新理念。对于一个品牌来说，概念营销作用直接、明显。

概念营销着眼于消费者的理性认知与积极情感的结合，通过导入消费新观念来进行产品促销。目的使消费者形成新产品及企业的深刻印象，建立起鲜明的功用概念、特色概念、品牌概念、形象概念、服务概念等，以便顺手牵羊，增强企业的核心竞争性。

随着"80后"、"90后"逐步成为消费主体，由此推动的消费升级也愈演愈烈，对这一年轻群体而言，"幽默搞笑、善于搞事情"等成为他们缩短品牌认知过程的流行捷径。因此，按照"一切从用户角度出发"的营销理念，越来越多的品牌开始针对用户的喜好做文章，"有趣、会玩、反传统"成为各类营销案例的关键词。

　　无论是什么营销，最核心的一个问题还是了解：你要销给谁。

　　广告最怕变，因为你一变，前面的积累就丢了。它其实是一个投资，它在消费者大脑里面，是对消费者大脑做的一项投资。最好的广告其实就是推销产品。如果公司是营销驱动型的，笔者觉得广告就是公司最重要的一项工作，就必须一把手抓。

　　做好广告的人，一定是对自己的产品最了解的人，对你的消费者体会最深刻的人。一定得是本公司最了解产品、最了解消费者的人，他们的创意往往是最靠谱的。

　　营销没有教科书，只有靠自己摸索、体会。

　　在概念营销上成功的案例比比皆是，例如：

　　感冒药"白加黑"1995年上市仅180天销售额就突破1.6亿元，在拥挤的感冒药市场上分割了15%的份额，登上了行业品牌第二的地位，在中国营销传播史上堪称奇迹，这一现象被称为"白加黑"震撼，在营销界产生了强烈的冲击。

　　一般而言，在同质化市场中，很难发掘出"独特的销售主张"。感冒药市场同类药品甚多，层出不穷，市场已呈高度同质化状态，而且无论中西成药，都难以做出实质性的突破。康泰克、丽珠、三九等"大腕"凭借着强大的广告攻势，才各自占领一块地盘，而盖天力这家实力并不十分雄厚的药厂，竟在短短半年就后来居上，关键在于其崭新的产品概念。"白加黑"是个了不起的创意。它看似简单，只是把感冒药分成白片和黑片，并把感冒药中的镇静剂"扑尔敏"放在黑片中，其他什么也没做；实则不简单，它不仅在品牌的外观上与竞争品牌形成很大的差别，更重要的是它与消费者的生活形态相符合，达到了引发联想的强烈传播效果。

　　在广告公司的协助下，"白加黑"确定了干脆简练的广告口号："治疗感冒，黑白分明"，所有的广告传播的核心信息是"白天服白片，不瞌睡；晚上服黑片，睡得香"。产品名称和广告信息都在清晰地传达产品概念。

这就是概念营销最成功之处，让人们记住、爱用，而且可以低成本传播。

概念营销是为了使消费者对产品或品牌有更深刻的认知，企业会将时下市场的流行需求趋势与旗下产品相结合，对产品进行改造创新，创造一种消费者追崇的风格出来，借以引起消费者对产品和企业的关注与喜爱情感。这是一种新型的营销观念与营销策略。如何玩呢？有个前提。

首先，要对市场对消费者有充分的了解，懂得挖掘市场需求。在摸清市场的背景下，顺从消费者的品牌观念进行产品推广，建立一个立体形象的产品概念，使得产品能够从同行业产品中脱颖而出，进入消费者的法眼。

其次，概念营销的一个突出作用就是使人眼前一亮，赞许有加。在塑造概念的时候，如果有参考对象，那么，先要弄清的就是了解，消费者对这种亮点是褒还是贬。如果市面上90%的声音都是贬，那企业如果盲目跟风套用概念，对品牌形象的影响弊大于利。

再次，在信息爆炸泛滥的生活场景里，环境错综复杂，消费者对于平淡无奇的内容会自动选择过滤。概念用得巧，实事求是，不夸大作用。这是概念营销的生命线，突破诚信的界限，品牌必死无疑。在尊重事实的基础上，掌握分寸，加以创意，并且高调大规模推广，形成覆盖式的宣传，提高企业影响力。

最后，要保持消费者期待。新，是消费者的关注点。突破传统的品牌/产品形象，赋予新的想象力与丰富内涵。最好能够提出一些前瞻性的观点，让消费者能够以独特的视角去诠释产品，满足消费者的心理期待值，在凸显品牌价值的基础上，做适当的延伸，不偏离核心价值观。

方式2 新媒体时代需要微路演

有人说，在中国，打入消费者的"集体公共头脑"听起来有点恐怖，但这就是现代营销的实质，也是新媒体营销的核心。不管是微博、微信，还是知乎、脉脉，新媒体平台的高覆盖及高渗透是很多传统媒体无法比拟的，越来越多的企业开始关注新媒体时代下的品牌运营与管理，"新媒体营销"已经成为时下互联网行业最热门的词语了。从传统媒体时代的"传统营销"，到PC时代的"互动营销"，短短几年，"营销"概念越发成熟，再到现在的移动互联网时代，衍生出的"新媒体营销"，可谓青出于蓝而胜于蓝，集众家大成于一身。

营销改变的时代，路演也不同以往挂个PPT，收集一群人，还要把握时间尽可能去呈现自己的项目思路，而是有了新的套路和打法，微路演就成了新趋势。

对于融资路演，许多企业认为，这些都是大公司才有能力去搞的东西，小企业根本搞不起来，事实上，新媒体营销的诞生初衷就是为了节省小型企业宣传成本，打造企业品牌，所以小企业更应该入驻新媒体，抢占先机。

微路演很简单，就是创业者在微信群里向一堆投资人讲解自己的创业项目。很多创业者不喜欢路演这个说法，换个说法，就是与一堆投资人交流项目吧。总结了一下：

1. 节省创业者和投资人的沟通成本。创业者直接面向投资人。投资人在家里也可看项目。

2. 高效、快捷。创业者直接可以找到感兴趣的投资人，微路演认可后的面谈效果更佳。

3. 收获。即使没有投资人感兴趣，投资人的建议也是非常有价值的。

凡微路演过的项目，都有机会通过搜钱网公众微信、官方微博账号、官方网站等多种渠道，得到迅速有效的传播。微路演服务正以其低成本、高效率的传播沟通方式获得投融资双方的认可，对传统路演方式将是一次颠覆。

有一个在韩国留学的女孩。在韩国学会了化妆品销售技巧，回国后凭借着自己的化工专业，创办了一个高端私人定制的化妆品品牌，从生产加工到销售一条龙服务。最初，她花了很大的精力投入广告和推广，但两年下来，生意并没有想象的好做。虽然她也建了不少 QQ 群，天涯社区也开帖，各种能网罗粉丝的事情都积极去做，但依然没能收到很好的效果。当她开始接触微营销的时候发现，移动互联网要比 PC 端淘宝这种销售更有黏性，她开始重新定位自己的社群。她发现，广告打得再响，没有口碑宣传也起不到多大的作用。她开始在周围拓展朋友，她分享的内容给朋友们传递的东西都是正能量、积极的东西，慢慢这类朋友跟她互动多了起来。再后来，有几个她认为不错的人，做起了她的代理商，她统一培训。再后来，第一批做她代理的朋友，成了区域代理，如今，她的产品已经卖向全国，而且盈利是以前的 N 倍。

她实现了微营销后，有一些天使投资者发现了她，并且在社群里跟她开始互动谈讨项目的扩大和资金投资，最后投资人得知她的粉丝和黏性用户大多是 25~35 岁的已婚女士和妈妈们，在交流育儿心得和家庭纷争方面，能产生共鸣。她们总会不定期举行线下沙龙，妈妈宝宝亲子活动日等。她的社群越做越好，黏性越来越大。直接带来的经济利益就是她的产品销量一直很稳定。第一笔投资资金到位后，她不但开发了自己的产品研发团队，还种植了有机燕麦进行提纯，不但做化妆品定制，而且发展了绿色健康产业，生意越做越大。

她的这种传播模式，在笔者看来就是一种很可行的微路演。通过切实可行的最初模式建立吸引了投资者，最后经过移动互联网的平台和社群进行深度沟通和项目探讨，越发展越好。

方式3 枯燥的项目，精彩的路演

每个投资人从四面八方接触到的项目可以想象一定特别多，尤其在这个"大众创业、万众创新"的时代，一定不缺项目。笔者认为，缺的是精彩的路演。哪怕是枯燥的项目，只要路演"走心"，就能打动投资者，融到资金就不是什么难事。

"轻生活"卫生巾的创业故事就是一个非常不错的精彩路演典范。对于大多数人来说，卫生巾太大众化、太普通了，这个项目能有什么亮点？无非就是找一些好的材料来加工，包装上有创意而已。殊不知，创业小子李天成却给消费者和投资者来了一次精彩的路演。

创始人李天成给大家讲，因为得知女友对国内所有的卫生巾都过敏，每次都要托朋友从日本代购。他就特别想亲自为她做一款最完美的卫生巾当作礼物。之后，李天成一周内走访了近10家卫生巾工厂，越了解越发现，卫生巾行业十几年来都没有进步，过分包装营销、荧光剂、染色剂、甲醛等问题都有待解决。收集了身边过百位女生的"隐私"建议后，李天成才发现，除去"因为爱情"的创业私心，他正在做的事情，可能会影响太多像女友一样注重生活细节、讲究生活品质的都市女性。从完全不了解卫生巾行业的门外汉开始，李天成花了太多时间在和卫生巾的品质较劲！他说："光是跑材料商，我们就花了4个月，研究一段时间后我们发现，杜绝过敏的根源是材质。但怎么样才能做到感同身受，这对我来说是个躲不开的难题。"工厂老板说，男人手粗，感受不来，要用脸来体会。后来，李天成在床头贴满了卫生巾，有半化工的棉柔、干爽的网面、原生感强的纯棉……每天睡前拿脸蹭一蹭，醒来又拿脸蹭一蹭。

　　从面料的选材，到吸水珠的配比、底膜的透气性、包膜的防尘防菌，李天成花费了大半年打磨产品，对生产过程亲自把关，第一代产品终于面世了。李天成给自己的品牌取了个小清新的名字——"轻生活"，他希望通过这个产品提醒大家，在快节奏的城市里，我们需要活得轻一点！

　　"轻生活"以"第一盒卖给男人的卫生巾"进入市场，瞬间引来了大家的质疑，有人说这是异想天开，也有人嘲笑这是"把梳子卖给和尚"。但李天成不这么看，他说："男生给自己独一无二的爱人送去关爱，这不应该是个尴尬的话题，我们相信温度和爱意会通过一片卫生巾传递出去。"尽一切可能为男人解决挑选"礼物"时的不安感，"轻生活"根据亚洲女性月用需求配置好日用、夜用、护垫。同时，李天成请来深圳设计行业协会的副会长亲自给"轻生活"做了整套的 VI 和包装设计，让"轻生活"看起来更像礼盒。

　　"如果女生在不舒服的那几天，收到一个包裹，一打开首先映入眼帘的是自己的照片和男朋友对自己说的情话，再看到的是男朋友为自己准备的卫生巾，想不感动都难。"这就是李天成当时创业的切入点和初心。

　　而且他还给礼盒装增添新元素，准备了定制化设计的小细节。不少用户一收到就主动拍照发朋友圈，"大姨妈"不再难以启齿，而多了一份温度和趣味，甚至有"轻生活"粉丝借它表白求婚。据李天成透露，购买第一代产品的男性顾客占到了总数的 60%，而在此之前，男性消费者在卫生巾行业的占比不足 5%。"卖给男人的卫生巾"一传十，十传百，"轻生活"积累起了第一批种子用户，并非常轻松就获得了投资机构"深圳国富源"的数百万元天使投资。

　　路演，不是讲话，不是秀口才，更不是仅凭一张嘴去忽悠！

在这个世界上，没有不好的项目，只有不成功的路演；没有不会路演的人，只有不愿为路演学习的人！路演，要么是讲一个好故事，要么是讲自己创业的情怀，再告诉投资者你的情怀如何为他变现。再不济，也要会讲讲未来吧？

方式 4 不仅讲得精彩，更要讲出未来

有个投资者说：有些小伙伴三年换了四五个方向，实在是不好判断他到底是不是想创业，这样的人有不同的标签属性，他可能是连续创业者，可能是名校毕业，也可能出自 BAT，也可能是海归，当然有一系列豪华标签了，可能他在路演的时候，十家机构都愿意投他，但是这样的项目，我们不一定会喜欢。这种逻辑的核心是，我不投为了创业而创业，为了风口而风口的投机性团队，风口上的项目不一定有未来。因为，猪在风口上能飞，风停也能摔死。我们要的是创业者的前瞻眼光和项目的未来。当然，这个需要投资人用很专业的眼光去识别。

所以，这就给创业者提供了一条经验，路演时会讲故事很重要，讲得精彩很关键，更重要的是还要能讲出未来。因为，每个投资者的钱，都希望在项目上有未来，而不是打了水漂。

2012 年 6 月，大家都觉得电商行业似乎已是红海一片，找不到新的蓝海了，"三只松鼠"在天猫上线，半年之后的"双十一"，单日销售额突破 800 万元，2013 年 1 月单月业绩突破 2000 万元，跃居坚果行业全网第一。2015 年 9 月第四轮融资 3 亿元到账，2015 年"双十一"单日销售额达 2.66 亿元，2016 年 7 个月销售额已破 25 亿元，全年或超 50 亿元，正筹备 A 股上市。

"三只松鼠"的创始人章燎原，之前做了 9 年的职业经理人，曾经把詹

氏山核桃的年销售额从几百万元做到 2 亿元。后来，其看到了电商对传统产业的颠覆性趋势，便试水电商，打造詹氏山核桃的线上品牌"壳壳果"，仅 8 个月就获得近千万元的销售额。惊喜之下，章燎原索性自己创立了"三只松鼠"。

"三只松鼠"的成功之道就是把传统产业好的东西保留，把不足的地方跟互联网结合，进行产业升级。实现手段就是"给顾客的一定要超出顾客预期"。①产品质优低价、性价比高。与线下商场相比，产品便宜 15% ~ 20%。②卖萌打动用户，细节做到极致。编写了上万字的"松鼠客服秘籍"，推出客服 12 招。送货时，附带独特卡通形象的包裹、开箱器、封口夹、垃圾袋、传递品牌理念的微杂志、卡通钥匙链、湿巾等，与一般电商完全不同。③充分应用大数据，挖掘产生价值。通过 IT 系统的数据分析，能够清楚地知道产品的买家、购买特点。这些数据不仅可以加强 CRM，还可以反作用于上游供应链，他们与原产地采取订单式合作，由当地企业生产成半成品后，统一运至芜湖总部封装工厂进行质检和分装，保证了质量。④有了电商平台的数据支撑，可以不断优化搜索关键词，及时调整网络营销策略，将客户的点击率转化为购买率。

随着纯电商红利渐渐疲软，"三只松鼠"又看到了未来，它知道未来一定是"实体连锁+电商"的模式。于是率先开始转战实体店铺，短短半年，"三只松鼠"的店铺销售额又遥遥领先。

"三只松鼠"就是一个有前瞻、有远见的创业团队。无论是最初的吸引投资者还是后来不断扩大融资需求，这样的团队才是投资者喜欢的。

再比如，京东的刘强东，他总是能在媒体上发声，让大家听到他对于未来的胸有成竹。所以，才有那么多投资机构排着队要去投京东。

创业者在路演的时候，需要有一个吸引人的愿景和未来，告诉投资人你想要把你的公司带到哪里，这点非常重要。如果你的企业是初创企业，愿景较小,那么请放大它,让它变得更有吸引力。

2014 年,阿里巴巴在纽约上市路演的愿景是:建造未来商业的基础设施。这是一个很宏大的目标,对投资者来说极具吸引力。

同时,未来还包括你的企业和产品是否具有竞争力,无论你的公司是否产生收入,都需要向投资人展示出你的产品已经拥有一定竞争力。正如前文所提到的,如果潜在投资人认为你公司的风险越小,那么你就越有可能获得投资。

如果你已经产生收入,并且发展速度很快,那么一定要在路演的 PPT 里面展示出来。如果暂时做不到这一点,那么在所有业务指标里面找一个最具发展潜力的展示出来。

方式 5　路演的最重要听众——投资者

做项目路演的创业者很容易犯一个错误,就是太急于表达自己的东西,而忽略听众。路演最重要的听众就是将要拿钱给你的人或决定要不要拿钱给你的人。在路演之前,一定要搞清楚,谁是你路演的重要听众。

所以要如何从你路演的听众里面选出一个人与你进行一对一的对话呢?你一定要清楚你面对的是什么样的人。你要了解投资人的专业领域是什么,他们是否曾在某一特定行业、公司或领域投资。这些问题是很重要的,若你发现他们的方向与你所需不同,那就需要更换投资人。同时,你需要提前做好研究调查。当你对投资人背景有一定了解时,就可以略过很多小话题和不相干的内容,否则就一定要尽量多问、多听,直到找到共同点,不要盲目展示。

所有的路演情形都有一个共同点,那就是从起点到终点。从心理学角度来看，起点是听众开始的一个静止点。这时，听众还云里雾里，不知你要说什么。他们不了解你和你的业务，对你的业务充满疑虑，随时准备质疑你的主张。最糟糕的情况是他们会抵制你，你让他们做什么，他们就怀疑什么。终点则是你需要听众做的。这个终点具体究竟是什么，取决于你所面对的情形。为了到达终点，你需要对听众做到"三化"：化不解为理解，化质疑为信任，化抵制为顺从。事实上，理解、信任、顺从并不是三个独立的目标，而是到达终点的三个阶段。毕竟，在理解你说的话、相信你传递的信息前，他们是不会按照你说的去做的。

第一，你要能一句话讲清楚你做的项目产品定位。很多创业者讲半天，投资人都不知道他要做什么，尤其是早期的项目，你要让别人很直观地了解你的项目是做什么的，或者要成为什么。

比如有一个叫小影的项目，它现在发展得很好，在大概 59 个国家和地区的摄影摄像榜中排第一，每日新增 45 万元，而且是自然流量，没花一分钱推广。介绍它的话，就是一个手机上的视频编辑工具。很多人可能还不知道什么叫视频编辑工具，这个时候可以再问一下对方在电脑时代是否用过 Movie Maker，如果用过，你就说这就是手机上的 Movie Maker，一句话大家就都清楚了。

第二，你要讲你的市场有多大。这个多大不是你自己拍脑袋说的，而是你经过仔细的市场调研后得到的真实数据。有一些创业者数据很多，但都是网上查的统计数据，并不是他针对这个行业做的很多深入访谈和了解后拿到的真实数据，那你同样还是在这个行业的外围，并不了解这个行业真正的市场结构，所以了解你的市场非常重要。

第三，就是讲你的产品。创业者要见各种各样的投资人，认真的投资人会提前仔细试用你的产品，也有没来得及用你产品的，沟通中你就需要现场再演示，这个效果其实并不好。

为什么产品很重要？实际上除非投资人对这个行业特别熟，否则很难理解，很多时候都会先从产品判断，觉得产品好以后才觉得你过了 0.1 的线。否则的话，投资人很容易产生顾虑，担心创业者讲各种各样的理念，但是产品做出来又是另外一回事。所以一定要在现场让投资人了解你的产品，这样沟通效率才会提高。

"婚礼日记"创始人杨琰琰在路演的时候，就成功打动了现场的投资人，拿到了超出她预期的投资。

办完婚礼的杨琰琰，忽然觉得婚礼对于一个女孩来说是特别重要的一件事。而在筹办婚礼期间，包酒店、定场地、做预算等一系列流程做下来，本来浪漫的婚礼却累成狗，而且大部分姑娘并没有收到自己满意的婚礼效果。于是，杨琰琰想来一次自己做主、完全 DIY 的婚礼。并且把她婚礼的过程用文创和案例的方式记录下来。结果点击率超高，人气爆棚，并感动了很多准新娘。

杨琰琰看到了商机，何不提供既梦想浪漫的婚礼，又能体现个性并且全程能自己把控的婚礼呢？也正因为如此，杨琰琰收到了很多素未谋面的新娘的祝福与鼓励，并开始与新娘交流婚礼心得，一发不可收拾。从分享自己的婚礼，到帮助 1401 位新娘完成 Dream Wedding，杨琰琰收获感动与成就感之后，终于萌生了创业的梦想！2014 年 10 月，以"琰琰婚礼日记"命名的新娘备婚平台正式诞生，为此，杨琰琰辞去了从事十年的教师工作，专心经营这份承载着所有新娘梦想的浪漫事业。

2015 年 9 月，"琰琰婚礼日记"正式更名为"婚礼日记"，助力更多新娘拥有专属自己的 Dream Wedding，写下更多关于幸福的"婚礼日记"。杨琰琰在融资的过程中，感动了投资人徐小平、熊晓鸽、姚劲波等。杨琰琰的创业理念：我们是国内独一无二的新娘备婚团，提出"私人婚礼管家"的全新备婚理念，你可以把我们想象为一个贴心闺蜜，用心解读每位新娘对婚礼的真正憧憬，根据不同的需求，私人定制完美的备婚计划，为新娘节省预算，优化性价比，推荐最具匠人精神的团队和婚礼人。

正是基于此，杨琰琰已经从最初的 1500 多个客户，到 2016 年破万。首轮融资成功的她，正朝着更远的目标迈进。

"婚礼日记"创业成功并不是偶然，也不是靠运气。创业者是通过亲身感受出发，认为这件事有市场。同时，前期网上与潜在准新娘互动的时候，发现了这些目标客户的心理需求。加之，她们的品牌定位很好，要做新娘备婚团、私人婚礼管家。这样一来，定位清晰，既能为新娘婚礼省钱，又能办出独具特色的婚礼。所以，杨琰琰个人创业思路是很清晰的，投资人听她讲自己的项目不但有情怀而且还有意思，并且这个项目盈利模式很清晰，所以，很轻易就打动了投资者。

第十一章 简单直接的融资——内部融资

手段 1 引入合作伙伴

有言道"三个臭皮匠赛一个诸葛亮",这说明什么问题？就是思维碰撞可以产生火花,一个人的思维加上另一个人的思维,就会产生一个新的点子出来。毋庸置疑,一个"知识+智慧=财富"的财智时代已经向我们走来。随着移动互联网的发展,出现了企业经营的第四种资源,也是更为重要的资源——智力资本。在智力资本决定企业命运的时代,谁更善于利用知识的力量,谁就能赢得竞争的优势。企业如果是一个好的平台,会同时实现既能找到人,又能找到钱的目标。

实际上,找钱和找人是横在创业者面前的两座大山。在找人方面,太多人被传统思想禁锢了,认为只有找合伙人、全职雇佣才算是组建团队。但这种方式对于很多初创项目来说,模式太重,有限的成本应该合理搭配,一味地找牛人、找 BAT 并不一定就是对的。

未来的创业会更多地采用社会分工的形式运行,以自身长板整合社会资源的长板进行轻资产经营和扩张。这种可以说是采用外部智力,弥补自己的资源短缺、技术短缺和能力短缺,从而通过搭建小而轻的扁平化团队进行轻资产创业，让有限的成本发挥最大的价值。在整合资源进行创业的过程中，不但有股权众筹创业，还能进行智力众筹。

如果说股权众筹是"我给你钱你给我公司股份"的话，那么智力众筹就是"我帮你解决创业难题，你给我公司可回购的股份"。智力众筹可以让创业者通过众筹的方式对接各领域的高级人才合作，对于传统企业来讲，就可以对接到互联网专家、APP 开发等技术类人才、互联网运营、推广人才等合作，报酬也从原来的现金变为一部分可回购股份，由此建立了更紧密的合作关系，优于任何形式的外包或兼职。

智力众筹通过众筹智慧，如创业导师、互联网外脑、技术大咖等角色，让他们以外部合伙人的方式加入团队，更加直接、高效地解决实际问题，让互联网转型更高效落地。

从原来的人为资本打工转变为如今的资本为人打工，这在制度层面说明了智慧比资本更重要，初创阶段更是如此。智力众筹就是瞄准这一理念，让创业者通过一部分可回购的股份吸引人才关注，以更低的现金成本邀请到高级人才，让他们以"外部合伙人"的身份帮助解决初创阶段遇到的各种难题，从而提高创业效率和成功率。这里的外部合伙人只在团队中起过渡作用，主要任务是弥补短板，解决现阶段关键难题，真正聚众力、聚众智。

对于大多数想创业的人来讲，股权众筹毕竟是土豪和投资机构的天下，如果让自己掏真金白银的血汗钱来创业，就必须冒着血本无归的风险。然而通过智力众筹的方式，人才只要有能力、有时间，不用投入一分钱，就可以帮助创业团队解决问题，赚股份和现金。未来十年，无股权，就无法实现财富自由。

目前，做人才 IPO 的投资者尚不多见，与其坐等投资，不如主动出击，用智力众筹参与创业，靠自己的智慧资本帮助创业团队解决问题，赚股份、做投资。与股权众筹和人才 IPO 相比，智力众筹门槛更低，只要有时间、有能力，都能参与创业。资金 0 投入，降低创业风险。

　　"中国基金报"曾发表评论称，未来十年，如果你与股权无缘，可能无法实现财务自由。如今楼市低迷、股市重挫，股权投资却异军突起。可能你错过了投资楼市的最佳时机，也搭不上股权众筹这趟"顺风车"，但如果再错过了智力众筹，也许就真的无缘财富自由。实现人才的时间自由、职业自由、财富自由，是智力众筹的最终目标。

　　毫不夸张地说，人才资本化的时代已经到来，未来，全职员工会越来越少，甚至很可能消失。智力众筹就是要解放人才，让人才真正流动起来，不受一份工作、一个团队的束缚，能够同时帮助多个团队。人才瓶颈一旦被打破，创业的活力才能彻底激发。

　　智力众筹和外部合伙制刚刚起步，与股权众筹相比，还很年轻，还需要时间让大家了解、接受，但笔者相信，智力众筹一定大有作为，因为它是时代发展的必然趋势！

　　这种引入合作伙伴的模式，对于连锁企业尤为关键。

　　曾有一家快餐连锁企业提出未来三年新开 500 家门店的战略规划，但按照近乎两天一家新店的速度，公司根本无法配置新门店所需要的人员。公司其后采用了德勤建议的"分级合伙人"理念，包括："展店合伙人计划"，鼓励符合条件的总部人员、成熟门店人员参与新设门店的创建，辅以一定的股权、分红权，对于一部分想回老家创业的员工提供多项帮扶措施，因此在总部保持绝对控股比例的情况下，实现员工在新店的合伙经营；"合伙人晋级计划"，对于在一定时间内规模、盈利等条件符合的门店，其合伙人可申请晋级，即持有的股权额度部分保留在所在门店，部分额度申请晋级为区域、总部的股权，在总部启动上市时，将通过总部股权置换或现金收购等多种方式，将门店合伙人转入"总部合伙人计划"，由此实现"从门店到区域到总部的合伙人晋级"。

手段2 给员工股权激励

除了引入合伙人和合作伙伴之外，还有一种内部融资方法就是——股权激励。

股权激励是一种通过经营者获得公司股权形式给予企业经营者一定的经济权利，使他们能够以股东的身份参与企业决策、分享利润、承担风险，从而勤勉尽责地为公司的长期发展服务。现代企业理论和国外实践证明，股权激励对于改善公司治理结构、降低代理成本、提升管理效率、增强公司凝聚力和市场竞争力会起到非常积极的作用。在这方面做得比较成功的企业，当属华为。

创业期的华为一方面由于市场拓展和规模扩大需要大量资金，另一方面为了打压竞争者需要大量科研投入，加上当时民营企业的性质，出现了融资困难，而华为优先选择内部融资。

内部融资不需要支付利息，存在较低的财务困境风险。虽然需要向外部股东支付较高的回报率，但可以激发员工的工作动力。

1990年，华为第一次提出内部融资、员工持股的概念。当时参股的价格为每股10元，以税后利润的15%作为股权分红。那时，华为员工的薪酬由工资、奖金和股票分红组成，这三部分数量几乎相当。其中股票是在员工进入公司一年以后，依据员工的职位、季度绩效、任职资格状况等因素进行派发，一般用员工的年度奖金购买。如果新员工的年度奖金不够派发股票额，公司帮助员工获得银行贷款购买股权。华为采取这种方式融资，一方面减少了公司现金流风险；另一方面增强了员工的归属感，稳住了创业团队。

按照华为的内部股票制度和经营情况，如果一名有发展潜力的员工1997

年进入华为，1998 年拿到 1997 年的奖金 4 万元，会分得 8 万元股票；1999 年，8 万元股票分红 60%，同时分得 1998 年的奖金 8 万元，但又分得股票 18 万元。他在华为工作三年后就拥有了 26 万元的华为股票，当然这些股票需要用现金来买，离职时按一定比例兑现。而且，公司分配给人才的内部股票，不买还不行，不买就意味着和公司不是一条心，会影响升职、加薪。

华为内部股票的分红比例，1992~1996 年都高达 100%，1997 年为 70%，之后递减到 2002 年的 20%，一年发一次红利，红利自动滚入本金。过去华为有 "1+1+1" 的说法，即员工的收入中，工资、奖金、股票分红的收入比例相当。

一旦华为停止成长或关门，员工将损失惨重，所以华为能万众一心，蓬勃向上，企业的执行力特别强。因为员工都是在为自己工作。同时，尝到了高分红比例的不少员工，每年要想多挣一些股票，唯一的办法就是多给公司创造价值。

任正非自己只占华为 1.42% 的股份，其余股份为高管和员工拥有。目前，华为 15 万员工中有 7 万人拥有华为的股票。由于高薪和股份化，给员工高待遇，在华为的核心价值观里，这就是 "以奋斗者为本"。

还有一个知名企业也是用这种方式实现了激励员工，那就是永辉超市。

整个超市业的一大问题是，一线员工干着最脏、最累的活，却拿着最低微的薪水，整个行业员工的流动性更是高得要命。

永辉超市董事长张轩松在一次进店调研中发现，当一名一线员工每个月只有 2000 多元的收入时，他们可能刚刚温饱，根本就没有什么干劲，每天上班事实上就是 "当一天和尚撞一天钟" 而已。顾客几乎很难从他们的脸上看到笑容，这对于网络冲击下的实体零售业来说，更是一个巨大的问题。还有一个问题也是超市业所特有的，在超市里，瓜果生鲜通常都是在一进门的地方设置的，主要作用就是通过其颜色、品相等来吸引消费者进店，并由此吸引消费者在店内行走，引发消费者的"非计划购买欲"，进而提升消费者的客单价。可是这种理念的基础假设是，店内的生鲜必须非常漂亮，能让消费者停下来、走近它、触摸它、最后买下它——当然，这也是永辉超市蔬菜生鲜的一大卖点。在这方面，永辉超市副总裁翁海辉说道，"如果一线员工是一种'当一天和尚撞一天钟'的状态的话，在他们码放果蔬的时候就会出现'往那一丢'、'往那一砸'的现象，反正卖多少都和我没关系、超市损失多少果蔬更和我没有关系"。但是，这类受到过撞击的果蔬通常几个小时后就会出现变黑的情况，试想，顾客走到果蔬台前，发现大部分都开始发黑了，他们还有心情买吗？还有心情继续逛超市吗？这又会给以果蔬起家的永辉超市带来什么样的影响呢？可问题在于，直接提升一线员工的收入也是不现实的：永辉超市在全国有 6 万多名员工，假如每人每月增加 100 元的收入，永辉超市一年就要多付出 7200 多万元的薪水——大约 10% 的净利润就没有了。况且 100 元对于员工的激励是极小的，效果更是短暂，总不能每隔几个月就全员提薪 100 元吧。在此背景下，既为了增加员工的薪酬，也为了节约成本（果蔬的损耗）以及提升营运收入（吸引更多消费者的购买），两年前永辉超市在执行副总裁柴敏刚的指挥下开始了运营机制的革命，即对一线员工实行"合伙人制"。

一些店铺（主要是精品店）甚至可能出现无基础销售额的要求。"在分成比例方面，都是可以沟通、讨论的，在我们的实施过程中，五五开、四六开，甚至三七开，这都是有过的"。柴敏刚表示。

这样一来，员工会发现自己的收入和品类或部门、科目、柜台等的收入是挂钩的，只有自己提供更出色的服务，才能得到更多的回报，因此合伙人制对于员工来说就是一种在收入方面的"开源"。

另外，鉴于不少员工组和企业的协定是利润或毛利分成，那么员工还会注意尽量避免不必要的成本浪费，以果蔬为例，员工码放时就会轻拿轻放，并注意保鲜程序，这样一来节省的成本就是所谓的"节流"，这也就解释了在国内整个果蔬部分损耗率超 30%的情况下，永辉只有 4%~5%的损耗率。

柴敏刚还提到，"在合伙制下，企业的放权还不止这些，对于部门、柜台、品类等的人员招聘、解雇都是由员工组的所有成员决定的——你当然可以招聘 10 名员工，但是所有的收益都是大家共享的。这也就避免了有人无事可干，也有人累得要死的情况。最终，这一切都将永辉超市的一线员工绑在了一起，大家是一个共同的团体，而不是一个个单独的个体，极大地降低了企业的管理成本不说，员工的流失率也有了显著的降低"。

手段3　供应链融资

供应链融资是从整个供应链管理的角度出发，围绕核心企业，将供应链上的相关企业作为一个整体，为供应链上的节点企业提供金融服务，开展供应链中的中小企业批发性贷款融资。

在供应链融资模式下，银行不再单独对一家企业提供融资服务，而是围绕整条产业链上的所有企业进行服务，通过对产品生产、经营的评估，只要供货商、生产商与经销商协调配合，那么整条产业链的运转就有了可靠保证，这一方面降低了银行提供金融服务的风险，另一方面，由于银行提供服务的范围扩大了，针对中小企业本身的限制就会弱化，企业在发展中的阻碍也会相应减少。

供应链融资作为一种新的融资模式，不仅是技术层面的问题，而且是银企双方在融资和信贷管理上的一种观念变革，它充分发挥了金融机构、第三方物流以及供应链中上下游企业的优势，从整个产业链的角度出发，在为中小企业提供了一种新的融资途径的同时，也带动了金融机构和物流企业的创新与发展，提高了整个产业链的竞争力，实现了多方共赢。供应链融资正成为中小企业融资的主流，也为企业拓宽融资渠道开辟了一条新的思路。

如何解决中小企业融资难的问题一直以来都是国内学者研究的热点。供应链融资为解决这一难题提供了新思路。供应链融资是指银行通过审查整条供应链，在掌握供应链管理程度和核心企业信用实力的基础上，对其核心企业和上下游多个企业提供灵活运用的金融产品和服务的一种融资模式。

事实上，供应链融资也可以称为应收账款融资。

当前市场竞争激烈，当产品供应商销售长线产品或面对实力雄厚的经销商时，常常被迫采用赊销方式，供应商将产品卖给客户，客户当时不支付现金，一段时间后才能支付，形成大量应收账款，但是供应商需要支付产品生产加工花费的劳动成本，到期应付账款，存货质押融资到期本息或者提前进入下一生产运营周期所需资金，由此产生的资金缺口将会妨碍企业的正常生产经营及发展。应收账款融资模式即是针对企业产品销售环节的现金缺口问题，为供应链上中游的中小型债权企业提供融资服务。

应收账款融资模式下，债权企业、金融机构及债务企业均参与其中，债务企业为核心企业，凭借其在供应链中的较强实力及较好信用水平，在融资模式中起着反担保作用，若融资出现问题，债务企业将承担起弥补金融机构损失的责任，如此，金融机构的贷款风险得到有效控制。

举一个供应链融资的例子：

比如一家食品加工厂 B，生产泡椒凤爪；上游公司是加工生凤爪的 A，下游公司是某全国连锁大型超市 C。

某一天，B 因为流动资金不足，向银行 H 贷款，银行可以将 B 作为核心客户向上下游开发新客户。

这里有一条供应链 A→B→C。但是大额交易往往存在赊账的情况，在各自的资产负债表上反映为应收账款和应付账款。

比如 A 卖了 1 亿元的生鸡爪给 B，达成协议 B 六个月后付款。此时 A 的资产负债表上反映为 A 有对 B 的应收账款 1 亿元。

三个月后，过春节了，A 的流动资金出现短缺。于是 A 向银行 H 贷款。而银行 H 出于对 B 的信任（请注意是出于对 B 的信任，但借款企业是 A），A 可以用对 B 的应收账款作为抵押，向银行 H 贷款，而不用其他固定资产或其他担保来进行贷款融资。

上面就是一个简单的供应链融资中简化的模型。

供应链金融范围大，核心就是围绕一个产业供应链的情况，提供一系列金融服务，来润滑整个供应链，使整个产业供应链运行更加顺畅，让企业更少受到资金的约束，具体融资方式大概有以下几种：

1. 应收账款质押融资供应链上的供应商以应收账款的债权作为质押品向金融机构融资，当金融机构向供应商融通资金后，如果购买方无力付款或拒绝付款，金融机构可向供应商要求偿还贷款资金的融资方式。

2. 应收账款保理供应商将应收账款的债权出卖给金融机构，并通知买方直接支付货款给银行，由金融机构承担收账风险，对融资企业不附追索权的融资方式。

3. 应收账款证券化即企业将未来能够产生稳定现金流的应收账款转化为可以在金融市场出售且流通的证券的融资方式。

手段 4　留存盈余融资

中小企业除了从企业外部融资，还可以通过对分配方式的科学合理安排获得需要的资金。留存盈余融资是企业内部融资的又一个重要方式和渠道。中小企业的收益分配包括向投资者发放股利和企业保留部分盈余两个方面，企业利用留存盈余融资，就是对税后利润进行分配，确定企业留存的金额，为投资者的长远增值目标服务。

留存盈余是企业缴纳所得税后形成的，其所有权属于股东。企业利用留存盈余融资，对税后利润进行分配，确定企业留用的资金数额，为企业从内部取得融资并为投资者的长远增值目标提供服务。企业如何进行留存盈余融资，主要取决于其股利分配政策的制定。股利分配政策侧重于股东权利还是公司长远发展将决定企业留存盈余能够用于企业融资的数量。因此，企业成立之初或面临融资困难时，在不违反法律法规的前提下，通过企业股东大会等方式增加企业利润部分，或者重新配股分利，使得企业仅从内部就可完成融资，这将大大降低融资成本。

留存盈余是企业缴纳所得税后形成的，其所有权属于股东。股东将这一部分未分配的税后利润留存于企业，实质上是对企业追加投资。

留存盈余融资是企业内部融资的重要方式。从另一个角度看，中小企业进行留存盈余融资，也就是企业如何进行分配股利的过程。

股利政策对公司筹措资金的决策非常重要。股利政策包括是否发放股利、何时发放股利、发放何种形式的股利、股利发放数量多少等。如果这些问题处理得当，能够直接增加企业积累能力，吸引投资者和潜在投资者投资，增强其投资信心，为企业的进一步发展打下良好的基础。

留存盈余融资（内部融资）主要源自企业内部正常经营形成的现金流。同其他融资方式相比，留存盈余融资的最大特点就是融资成本低、风险小、方便自主，其主要的表现形式是向股东配股。

留存盈余不仅是最直接的资金来源，而且是提高外部融资能力的先决条件。一个内部融资占主导地位的资本预算，对金融机构和其他投资者都具有很大的吸引力。

从企业的发展阶段来看，留存盈余融资是企业创业成长阶段的首选融资方式。企业创业期间规模较小，盈利较少甚至为负，获取银行等外部融资渠道的资金比较困难，所以只有通过留存盈余融资才可以得到方便自主、风险小的资金。特别是那些前景看好的高新技术企业，股东也会为获得长期利益而愿意放弃股利分红或者少拿股利分红而继续增加资本金。

企业的税后利润主要分配在两方面，一是向投资者发放股利，二是企业保留部分盈余。企业保留这部分盈余就叫留存盈余，它的主要作用是要为投资者的长期增值目标服务。而若企业资金紧张、经营困难，正是留存盈余发挥作用的时候。

从构成看，留存盈余包括盈余公积和未分配利润两部分。由于它是属于企业所有的，所以使用起来非常方面灵活，使用成本也最低。

留存盈余融资的核心，是如何确定适当的留存比率，即留存盈余占留存盈余与股利支付之和的比例。

在这里，主要是考虑两大因素：一是留存比率不能太高，否则就意味着减少了投资者的当期投资回报，不利于维护企业良好的财务形象和较高的盈利水平，不利于企业今后的外部融资。二是要考虑如何避税。根据我国税法规定，股利分配如果取得的是现金，就必须缴纳个人所得税；而如果取得的是股票等资本利得，通常只要征收 1/‰ 的印花税，税率很低。正因为如此，投资者往往更愿意把所得股息留在企业内部用于扩大再生产。

留存盈余包括企业的盈余公积和未分配利润两部分。所以，留存盈余融资，实际上就是研究企业的税后利润如何分配，也就是把多少利润用于支付股利、多少利润留在公司内部用作再投资。

留存盈余的前提是企业要有利润，这又取决于企业的生产经营能力。但不能反过来说，企业盈利状况良好，自我积累就一定会发生。如果企业赚了点钱就每年都分光用光，再多的利润也不会形成自我积累。

第十二章　能者善用天下财——
股权众筹

技巧1　股权众筹——让创意变成资金

对于创业者而言，股权众筹不仅可以获取资金，还可以获得一些投资人的智慧和资源，这对于初创企业而言无疑是最重要的支持。因为，投资人一旦进行了投资，就会在其他资源上倾力支持，如提供渠道、人力等其他重要资源的支持。这都是债权众筹等无法达到的效果。另外，通过向众多投资人讲述项目模式，也可以获得一些有益的建议。如果创业者的创业或方案不太成熟，不被投资人看好而无法获得融资，创业者也可以重新反思自己的项目是否符合实际，是否具有前景，以此来检验创业项目的价值和可行性。

所以，对于股权众筹而言，比较适用于早期的创业项目投资，这是因为越到后期，项目的估值一般越高，股权融资的额度相对较大，一般不太适合众多投资者参与，选择几家投资额度较大的战略投资者即可。而早期项目的不确定性极大，一般机构投资者不大关注，反而适合众多小额投资者采取大数法则进行合投，以有效地化解投资风险。

早期投资项目可能存在三种情况：第一种情况是项目还处于创意或初步实行中，项目公司尚未成立；第二种情况是项目公司刚设立，相关的产品在研发中或在初步运行，需要进行第一轮融资（天使轮融资）；第三种情况是项目公司已经进行过天使轮投资，需要再进行 B 轮融资。但从实践看，需要通过股权融资方式进行的早期项目大都是第一种情况或第二种情况，且第一种情况居多。

因此，如果你有一个好的创意、好的方案、好的创业项目，可以通过股权众筹的方式来获取投资，从而开始你的创业之旅。从这种角度讲，股权众筹就是让你的梦想照进现实，让你的创意变成公司的力量。

华人天地——首例新三板股权众筹案例。为何将华人天地排在第一，主要是由于该案例具有代表性，开创了新三板与股权众筹相结合的先河。可作为今后股权众筹的参考甚至教科书般的经典案例！

华人天地最让人津津乐道的恐怕就是其董事长张津的舅舅是张纪中这件事了，提到张纪中的名字，喜爱国产电视剧的恐怕无人不知无人不晓。他是金牌导演、制作人，他掀起了《笑傲江湖》开始的大陆武侠题材热；他掀起了《激情燃烧的岁月》开始的新型军旅题材热；他第一个确立了制片人中心制的电视剧生产模式；他第一个把中国电视剧高价卖到海外。华人天地在众投邦平台众筹定增时，张纪中也是火线增资入股。

刨去"国舅爷"张纪中这个场外因素，华人天地项目本身就是很优质的，文化影视行业本来就是发展最火热的行业之一，华人天地的制作团队也是实力雄厚，张纪中自不必说，负责影片制作、艺人管理、后期剪辑的几个主管均有 15 年以上相关行业经验！

此外，华人天地在众筹时还创造性地推出了回购条款、无风险定增。都是值得后来股权众筹值得学习和借鉴的。

除了本身具有资源的人可以进行股权众筹，一些普通人也可以在这个领域分得一杯羹。因为，股权众筹使得创业门槛变低。现在许多股权众筹网站打出的卖点都是"人人做老板"。这句话的潜台词是"之前创业门槛高，股权众筹帮你降低这个障碍"。而从实际的案例来看，股权众筹平台确实帮助许多草根创业者融到了资金、帮助草根投资人成为了老板（股东）。这个过程如果走传统的融资路线会比较艰难，因为 VC 可能不看好你的这个 Idea，况且你没有做出来产品也很难得到 VC 的认可。

股权众筹获得的除了资金，还有由股权众筹平台提供的项目可行性评估报告及项目市场调查报告。道理其实很简单，因为钱是直接来自投资者的，投资者亦是你项目的潜在客户。投资者对项目的认可与评价就是一份市场调查，能在一定程度上反映你的产品将来大范围投放市场后的结果。此外，作为第三方的股权众筹平台本着为投资人负责、为项目方把控风险的态度，在其内部亦会对项目进行一次打分，这也是很多股权众筹平台推荐项目的由来。

2012 年，3W 咖啡通过微博招募原始股东，每个人 10 股，每股 6000 元，相当于一个人 6 万元。很多人并不特别在意这 6 万元，花点小钱成为一个咖啡馆的股东，可以结交更多人，进行业务交流。很快 3W 咖啡会集了一大帮知名投资人、创业者、企业高管等，如沈南鹏、徐小平，股东阵容堪称华丽。

3W 咖啡引爆了中国股权众筹式创业咖啡在 2012 年的流行。没过多久，几乎每个规模城市都出现了众筹式的咖啡厅。应当说，3W 咖啡是我国股权众筹软着陆的成功典范，具有一定的借鉴意义，但也应该看到，这种会籍式的咖啡厅，很少有出资人是奔着财务盈利的目的去的，股东更在意的是其提供的人脉价值、投资机会和交流价值等。

股权众筹已经成为了初创团队融资必不可少的途径。不管有多少企业股权众筹成功或失败，不可否认的是，越来越多的初创团队将股权众筹看作一种融资方式，它改变了初创团队的发展道路。虽然团队初创期股权众筹融资是必要的，但必须清楚的是，对于一个初创团队来说，股权众筹是天使，也是魔鬼；股权众筹可以成就你，也可以毁灭你，而关键就在于你对股权众筹了解多少。

技巧2 了解股权众筹的交易模式

股权众筹是指公司向普通投资者出让一定比例的股份。投资者通过出资入股公司，获得未来收益。这种基于互联网渠道而进行融资的模式被称作股权众筹。另一种解释就是"股权众筹是私募股权互联网化"。

股权众筹主要有两种基本交易模式，四种基本类型。

1. 平台股权众筹模式。平台股权众筹模式是指股权众筹项目发起人通过独立的第三方股权众筹平台发起股权众筹，在该股权众筹平台注册并经审核通过认证的投资人，经该平台撮合，促成双方达成投资交易。该股权众筹模式为有平台股权众筹模式，因为第三方股权众筹平台是基于互联网而设立的，运用互联网的连接与聚合打破融资双方的信息不对称，该模式又被称为线上股权众筹模式或在线股权众筹模式。为了保证股权众筹平台的独立性，监管层要求平台不能直接经手投资双方的资金，避免一些股权众筹平台挪用客户资金。为此，上述股权众筹平台为了解决这个问题，引入第三方来托管或监管资金。

2. 非平台股权众筹模式。非平台股权众筹模式（线下模式）是指股权众筹项目发起人通过社交平台或线下的社群组织自行发起股权众筹，以股权作为项目融资的工具和方式。该模式不利用第三方股权众筹平台而是自行发起，因此又被称为线下股权众筹模式或非平台股权众筹模式。

非平台股权众筹模式存在两方主体，即投资人与融资方。股权融资方不是利用专门的股权众筹平台发布信息，而是直接通过社交平台、自媒体或线下的圈子组织，自行发布股权众筹信息，以股权作为融资工具的模式。大量的线下众筹咖啡馆基本都采取该模式。该模式建立在特定的人群和关系中，有一定的信任感，基本上属于熟人众筹模式。若向陌生人发起该类众筹，则不容易成功，且存在较大的法律风险。

在实践中，该类模式也存在两种类型：一类是为创业公司进行股权众筹；另一类是项目的创始人为拟设立的公司进行股权众筹。

股权众筹的四种基本类型分别是：

1. 奖励式众筹。最简单的众筹方式。通过预付款来积攒商品的顾客，以免到时候出现需求少的情况，一般来说，在生产产品前先推广众筹，让感兴趣的顾客先付款然后再根据需要量而生产，这样就能保证生产出来的商品不会出现销售不出去的情况。雷军的小米在研发和产品上市之前用的就是这种众筹方式，很多小米发烧友提前预订小米手机。

2. 捐赠式众筹。投资者无偿捐赠是一种公益性的众筹方式。所积累的资金也称为善款，以备以后国家或者公益用，所以基本上公益使用这种捐赠式众筹类型的比较多，而对于企业和商业来说却是极少的类型。

3. 股权式众筹。这种众筹类型其实就是投资送股权的方式，这种众筹方式需要更加的仔细与小心，毕竟不是每个人都适合合伙做生意，需要信得过的人才可以。因为每个人都要为此承担一定的风险，投资理财知商金融更靠谱，如果承受风险能力很低则不适合这种众筹。

4. 债务型众筹。债务型众筹类型就比较常见了，其实就是借贷型的投资方式，你付出一定的资金给对方，对方承诺给你一定的利息，到期会连本带息一起返还给你。这种方式我们身边有很多，比如一个工厂需要资金，所以从员工中募集资金，待公司盈利时返给相应的分红，这种方式也要慎重一些，要遵循法律规则，切不可非法集资。

了解了股权众筹的两种基本模式和四个类型，企业在融资的时候就会更有选择，找到适合自己的融资方式，从而有计划地进行融资活动。

技巧3 掌握股权众筹成功的核心

众所周知，股权众筹是项目发起人通过这种股权众筹平台发布的以股权融资为目的的众筹项目。如果将股权众筹平台理解为一种特殊的电商的话，那么该平台销售的商品就是创业公司的股权等私募金融产品。同样与这个电商平台一样，能否顺利卖出商品以及能否卖好，能否达到自己心理预期，关键在于融资方就是我们所说的发起人的产品，也就是创业公司的股权是否有价值，通俗地讲，就是发布的股权众筹项目是否靠谱。对技术初创企业而言，一个简约且蕴含价值的产品介绍视频是很重要的。因为大多数人都不明白产品的复杂机理，所以最好能够展现产品的实用性，并关注产品如何为投资者带来价值，这样潜在的投资者就更有可能接纳你的产品，并因此成为你初创企业的投资人。同时，成功众筹的关键是创意的新颖性和发起人的可信度，作为项目发起人一定要做到真实地展现自己的项目，获得支持者的信任，才有可能获得成功。同时，众筹之前的预推广也很重要和关键。

创建一个活动不能保证每时每刻都有捐款，它需要大量的前期工作来启动。在众筹开始的前两周进行预启动可以帮助你在前十天完成目标的大约20%。提供醒目的电子礼品或者额外津贴可以让你的预启动更加火热。还可以鼓励支持者通过构建电子邮件数据库或在其网络中共享你的预启动来帮助你。

前往相关活动现场，建立社交追踪，并建立众筹推出的相关动态更新。有力的启动活动可以提高你的众筹热度，并有助于提高目标金额。最后一点是要讲一个自己的故事。各种不同的项目都想在同一个平台上给人留下最好的印象，而作为其中一员的你只有一个机会从人群中脱颖而出，那就是用一个好的故事与参与者建立情感联系，并说服人们做出贡献。人们不会在乎你做什么，他们在乎你为什么要这么做，把你的事迹作为故事叙述出来，告诉人们为什么你的众筹很重要，给他们展示你的决心和热情。用醒目的图片或者吸引人的视频让观众发挥想象力，视频创作有魔法般的效果。竭尽全力抓住观众的注意力，将他们带入你的众筹。

2015 年 4 月 1 日，京东正式上线股权众筹平台，随后短短一个月，其平台交易额即突破 1 亿元！之后苏宁、阿里巴巴也纷纷效仿，宣布成立自己的股权众筹平台。

京东众筹"Monitor Air3 全数字电视音箱"的众筹：

项目的产品优势：①相对市场同类产品单价较低。②功能性强，受众人群广。

项目的产品劣势：①产品为新品，社会认知度低。②功能需要体验才能显现出来。③需要深度剖析产品的功能性特点和场景卖点。

在众筹之初，对产品进行页面设计：根据场景图体现产品实物使用和摆放的效果，突出产品外观设计的优势。通过对产品功能和技术的详细介绍，确立产品高性价比的特性，从产品外观到内在技术再到音质，全方位为客户介绍，从音响本质提升顾客的购买欲望。

对于众筹档位的设计也下了很大的功夫：

1 元无限额：您将有机会获得数字音箱一台，每满 1000 名抽取 1 名幸运者。产品由京东官方抽，北京乐之邦电子科技有限公司发货。

495 元限额 1000 名：您将以远低于市场的价格获得数字音箱一台（经典款）。产品由京东官方抽取，北京乐之邦电子科技有限公司发货。

515 元限额 1000 名：您将以远低于市场的价格获得数字音箱一台（旗舰款）。产品由京东官方抽取，北京乐之邦电子科技有限公司发货。

575 元限额 500 名：您将以远低于市场价的格获得数字音箱一台（经典

款/旗舰款任选），赠送 1 个发烧级入耳式耳机。产品由京东官方抽取，北京乐之邦电子科技有限公司发货。

线上推广规划：

只在上线第一天进行了 3000 元的今日头条推广，上线两小时就达到了 8000 元的销售额，证明本产品得到了一定的市场认可，但从产品营销角度出发就能满足产品需求，不需从品牌推广入手。

众筹结果：乐之邦音响最终众筹金额 408043 元，实际销售额 10 万元。

众筹成功的因素很多，但关键要素有以下几个：

1. 筹集天数恰到好处：众筹的筹集天数应该长到足以形成声势，又短到给未来的支持者带来信心。在国内外众筹网站上，筹资天数为 30 天的项目最容易成功。

2. 目标金额合乎情理：目标金额的设置需要将生产、制造、劳务、包装和物流运输成本考虑在内，然后结合本身的项目设置一个合乎情理的目标。

3. 支持者回报设置合理：对支持者的回报要尽可能价值最大化，并与项目成品或者衍生品相配，而且应该有 3~5 项回报形式供支持者选择。

4. 项目包装：有视频的项目比没有视频的项目多筹得 114% 的资金。而国内的项目发起人大多不具有包装项目的能力。

5. 定期更新信息：定期进行信息更新，以让支持者进一步参与项目，并鼓励他们向其他潜在支持者提及你的项目。

6. 鸣谢支持者：给支持者发送电子邮件表示感谢或在您的个人页面中公开答谢他们，会让支持者有被重视的感觉，增加参与的乐趣，这点也常常被国内发起人忽视。

技巧4　做好股权众筹的风险管控

"投资有风险，运作需谨慎"是我们耳熟能详的一句话，股权众筹作为一个和资本打交道、和金钱打交道的行业和运营模式，风险一定有。在中国法律背景下，互联网股权众筹模式可能违反如下两个法条：

1. 《中华人民共和国证券法》第十条：公开发行证券，必须符合法律、行政法规规定的条件，并依法报经国务院证券监督管理机构或者国务院授权的部门核准；未经依法核准，任何单位和个人不得公开发行证券。

有下列情形之一的，为公开发行：

（一）向不特定对象发行证券的；

（二）向特定对象发行证券累计超过200人的；

（三）法律、行政法规规定的其他发行行为。

非公开发行证券，不得采用广告、公开劝诱和变相公开方式。

2. 《最高人民法院关于审理非法集资刑事案件具体应用法律若干问题的解释》第六条：未经国家有关主管部门批准，向社会不特定对象发行、以转让股权等方式变相发行股票或者公司、企业债券，或者向特定对象发行、变相发行股票或者公司、企业债券累计超过200人的，应当认定为擅自发行股票，公司、企业债券罪。

以上两条就是股权众筹面临的风险，一旦处理不好就会受到困扰。我国股权众筹存在多个法律风险：一是触及公开发行证券或"非法集资"红线的风险；二是存在投资合同欺诈的风险；三是股权众筹平台权利义务模糊。即便尚未踏入"禁区"，股权众筹也需花费大量成本规避法律风险，很大程度上而言，这成了股权众筹发展的阻碍。

为了规避通过股权众筹进行融资可能导致的风险，需建立符合股权众筹市场特点的监管制度。我国股权众筹市场应以功能监管为基础，建立以证监会为主、以行业自律协会和地方金融办为辅的监管体制，注重监管机构之间的职权分配和监管协调。采用行为监管方式，以适度监管和投资者保护为监管的基本原则。

《中华人民共和国证券法》明确规定，公开发行证券必须依法报经国务院证券监督管理部门或者国务院授权的部门核准，未经核准，任何单位与个人不得公开发行证券。通常情况下，选择股权众筹进行融资的中小微企业或发起人不符合现行公开发行核准的条件，因此在现行法律法规框架下，股权众筹融资只能采取非公开发行。《中华人民共和国证券法》第十条对非公开发行的相关规定：一是投资者必须为特定对象，即经股权众筹平台核实的符合《管理办法》中规定条件的实名注册用户；二是投资者累计不得超过200人；三是股权众筹平台只能向实名注册用户推荐项目信息，股权众筹平台和融资者均不得进行公开宣传、推介或劝诱。

随着众筹从概念逐渐变为实践，"股权众筹是否构成非法集资"已经不再是法律的焦点。证监会对股权众筹的一系列调研活动，已经开始让人不禁憧憬，政策层面将来很可能会对股权众筹予以认可并加以规范。相比较而言，现在面临的法律问题，更主要地转向了操作层面，即"股权众筹如何操作、如何平衡众筹股东和众筹公司的利益"。由于这一层面未妥善解决，已经开始衍生出实际的纠纷。比如，一旦众筹款被挪用，就造成了很大的风险。抛开其创始人团队内部关系问题不说，单就其中保护股权众筹股东权益、众筹款退款的诉求，已经在某种程度上反映了规范股权众筹操作的迫切性。

那是不是项目一旦失败，就涉嫌非法集资呢？可以说在目前的法律框架下，有以下风险：

第一，股权众筹成功后如果项目失败怎么办，股东认栽？但凡是创业项目，不管是机构投的，还是自己投的，失败的可能性都很大，80%的失败率不是夸张。所以在发起众筹的时候，要从两方面规避创业者自身的风险。就是做好风险提示，众筹协议里不要有任何保本保息的说法。因为创业本身就是不确定的事情，尤其是在创始期，谁也不知道未来会发生什么，市场是无法预测的，经济环境是无法预测的，政策环境甚至都是无法预测的。所以肯定不能把自己堵死，要做好风险提示，留有后路。

第二，做好权责界定。规定好哪些需要股东大会讨论，哪些是自己可以做决策的，从一开始就定好。在自己权责范围之内的，就尽快大胆放手做，需要提交股东大会或者董事会的，老老实实开会解决（如何高效解决是另一个话题）。比如，在第一次股东大会上，就确定好三项文件：①《商业计划书》，确定未来发展路径；②《股东会议事制度》，股东会有哪些职权，不要做哪些事情，怎么商议事情；③《总经理职权范围》，CEO能做什么，不能做什么。

第三，一些关键的点还是要牢记：单一的有限责任公司股东千万不能超过50人，这是国家法律规定的，是红线中的红线，是绝对不能突破的。千万不能承诺固定回报。在实际操作中很多人为了加强对投资者的信心构建，会承诺固定收益，这实际上绝不允许，做股权众筹一定要承担相应的风险，这点在操作中一定要小心。千万不要把股权众筹变成民间高利贷。不能明示或暗示他人一年可以收益多少。凡是承诺一年收益超过20%的，基本上都是违背常识的，在操作上一定要小心。做股权众筹的时候一定要聘请法律顾问，帮你做一些合同条款的细则，事先把一些风险和隐患消除掉。

第四，老板的初心也是规避风险最重要的一环。其实更多的非法集资案件是由于企业家老板本人的初衷发生了改变而最终产生的。

很多老板一开始集资的时候真的是希望向老百姓借钱，然后把实业做好。但是做了一段时间发现不做实业，天天融资，用新钱还旧钱，赚钱更容易。

然后很多老板欲望膨胀，失去了当初做实业做实体的那颗心，只想以钱养钱，最终把好好的项目变成了非法集资。笔者建议，凡是做股权众筹的项目，整个财务必须严密监控，甚至连老板本人都不能把钱拿走。笔者认为，股权众筹这种项目在财务管控下风险会小很多，否则老板的心态一旦发生变化，再好的项目都会变成非法集资项目。

互联网金融引领金融脱媒时代的到来，股权众筹模式在实现脱媒的同时也逐渐成为中小企业融资的一条有效途径。然而，这条途径的有效性能得到多大程度的发挥呢？这取决于现行法规制度能否在控制股权众筹模式法律风险的同时为其提供更大的发展空间，究其本质，就是平衡好金融创新与金融稳定的关系。保护金融消费者的合法权益作为金融创新与金融稳定的"平衡器"，也理应成为股权众筹法规制度的出发点与归宿点。这就要求股权众筹模式的现状解读、法律风险分析和规章制度的完善都应当围绕保护投资者合法权益的中心展开，唯有如此，股权众筹的法律规制才能日臻完善，股权众筹的创新价值才能得以彰显，股权众筹的蓬勃发展才会如期而至。

第十三章 初创企业如何走上市之路——连锁企业的上市规划

内容 1 企业上市带来的光明前景

每个企业发展到一定程度，无论是想要更大的发展还是更便利的条件和好处，都会走"上市"这一路径。因为，公认的一个事实，公司一旦上市前景就会一片光明。比如，上市使得企业提升或扩展业务而融资，通过上市使企业获得公众和国际的认可，从而有利于吸引人才或是在行业竞争中取得优势。无论寻求上市的动机如何，公司公开上市确实能带来很多潜在的好处。无论是从创始人的角度还是从投资人的角度来看，上市都会给他们带来可观的价值回报。

首先，股票上市发行后，公司估值迅速成数倍提升，企业价值在资本市场中也迅速提升，有利于公司扩大生产规模，提高市场竞争力，达到盈利效果，这样又会达到提升股价的效果，从而形成良性循环，实现多方共赢。其次，上市有利于规范公司的规章制度、组织架构，有的甚至是对公司进行彻底的改头换面，打破传统管理模式和经营机制，公司受公众监督，有利于科学化管理，对公司发展来说大有益处。

股票上市后，企业估值提升，股东凭借手中的股份实现了手中资产迅速增值；并且股票的流动性从以往较低的状态迅速转换成无限制性的快速流通，直白地说，通过上市可以简单地将手中的股票折现，对于创始人来说，实现个人财富的巨大增长，对于投资人来说，套现的巨大收益再转向下一个投资目标，这就是杠杆赚钱，即普通人所谓的钱生钱。

除了创始人和投资人收益之外，还能带给社会更多的回馈，比如，地方政府推动企业上市已经成为一种普遍现象，为了地方经济，为了地方品牌，为了地方人民，为了地方综合竞争力等，企业会非常赞同企业上市，并且会尽力促成。除了这些优势，还有一些潜在的收益，例如：

1. 提高资本的融通能力。上市公司可以拥有更多融资渠道，如果公司的股票在市场上表现极好，公司将有可能用公司的股票向银行质押贷款或以股票置换的方式进行收购等，而且通常这类融资成本低。首次完成公开上市的公司只要具有较好业绩和发展潜力，便很容易再次在证券市场上筹措到源源不断的资金，并易获得银行信任。这也就开通了未来在公开资本市场上融资的通道，提高借贷能力。

2. 改善财务状况。上市通常会增加股东权益，且公司不需要增加额外的债务。这可以立即改善公司的资产负债比率情况。

3. 提高公司地位和市场形象。公司良好的公众形象会带来一系列间接好处。这些好处包括吸引具有专业水准的员工和以更优惠的条件取得融资等。这样有利于提升公司的素质、增强公司的稳定性和巩固公司的竞争地位。

4. 股权变现增加收益。如果公司上市，主要股东的股份就很容易在股票市场上交易，管理层与员工们也能够将所持股票出售而获得较为巨大的收益。股票发行上市后，企业价值会在资本价值上得到提升，市场交易价格数倍或数十倍增长，从而使资本实现快速增值。打一个比方，一个中小企业每年盈利500万元，且经营持续稳健，那么企业家仅靠生产经营想成亿万富翁需要

20年，而通过上市融资，按照目前的市盈水平，企业家就可以将未来30～50年的收益予以贴现，马上就可以拥有几亿元甚至几十亿元的财富。因此，对中小企业的管理者来说，通过资本市场既可以使股权大大增值，又可以实现股权货币化。

5. 可以提升企业知名度和影响力，公司发行上市的过程本身就是非常好的广告，发行上市后公司的影响力和知名度会大幅提高，更容易被国内和国际市场所认可和接受，也有利于吸引和留住人才，促进企业发展壮大。

总之，对企业而言，加快推进企业上市是企业做大做强的必由之路。

内容2　国内新三板上市

资本市场中所说的三板，是一个股份转让平台，其核心主体是具有代办股份转让资格的证券公司，主要服务对象是非上市公众公司和非公众股份有限公司。

20世纪90年代，由全国证券交易自动报价系统和中国证券交易系统有限公司开发设计的NET系统组成的"两网"系统开始运营。

由此形成了"两网两所"的证券交易市场格局。其中的"两所"是指上海证券交易所和深圳证券交易所。

之后，由于各种原因，1999年9月9日，STAQ系统和NET系统宣布停止运行。2000年，中国证券业协会与一些证券公司进行协调，设立被称为"老三板"的代办股份转让系统，其目的是解决退市公司和法人股市场公司之间的股份转让问题。但是在"老三板"挂牌的公司存在各种各样的问题，诸如股票种类较少、质量一般、转板难度大等。正是因为存在这些问题，难以将投资者吸引过来，因此"老三板"市场一直很冷清。

2006 年，政府主管部门终于在北京中关村科技园区建立了新股份转让系统，新三板试点正式开始。事实证明，该系统为改善中国资本市场交易落后的现状及一些高科技企业的股份流动做出了重要贡献。

新三板的成立，为高新企业解决了很多融资问题。对高新企业产生了如下影响：

1. 企业的融资渠道变宽。在新三板制度的保障下，诸多股权投资基金采取了主动投资的方式，打破了高新技术企业融资局限于银行贷款和政府补助的现状。此外，各地区也根据地方政策，给予新三板公司一定数额的补贴。

2. 促使企业规范化。由于新三板挂牌公司被要求披露的信息是对照上市公司来制定的，所以这对企业管理行为也起到一定的规范作用，并对增强企业发展的后续力量、增加企业信用等都有着非常积极的影响。

3. 明晰企业内部结构。公司想要登陆新三板，须由相关的专业机构带领其进行股权改革，从而使公司内部的股权结构以及高层职责更加明确。

4. 转板机制。企业在新三板上市不仅可以提高知名度，还可以利用转板机制登上创业板或主板。此外，以后可能还会产生企业转板的"绿色通道"，使企业转板变得更加容易。

新三板企业挂牌对投资者的作用和影响也可见一斑：

1. 为价值投资提供平台。新三板的存在，使得价值投资成为可能。无论是个人还是机构投资者，投入新三板公司的资金短期内不可能收回，即便收回，投资回报率也不会太高。因此对新三板公司的投资更适合价值投资的方式。

2. 通过监管降低股权投资风险。新三板制度的确立，使得挂牌公司的股权投融资行为被纳入交易系统，同时受到主办券商的督导和证券业协会的监管，自然比投资者单方力量更能抵御风险。

3. 成为私募股权基金退出的新方式。股份报价转让系统的搭建，对于投资新三板挂牌公司的私募股权基金来说，成为了一种资本退出的新方式，挂牌企业也因此成为了私募股权基金的另一投资热点。

那么，什么样的企业才符合新三板上市的要求呢？

首先，企业依法设立且满足存续满两年的条件。由有限责任公司按原账面净资产值折股整体变更形成的股份有限公司，其存续期的具体算法是，从有限责任公司成立之日起开始计算。其次，主营业务明确，并且具有稳定、持续经营的能力。最后，公司治理结构健全，经营运作符合规范。公司股权明晰，股份发行和转让行为符合法律法规。

新三板挂牌流程及时间周期。依据相关法律、法规及规范性文件的规定，非上市公司申请新三板挂牌转让的流程如下：

1. 公司董事会、股东大会决议。

2. 申请股份报价转让试点企业资格。

3. 签订推荐挂牌协议。非上市公司申请股份在代办系统挂牌，须委托一家主办券商作为其推荐主办券商，向协会进行推荐。申请股份挂牌的非上市公司应与推荐主办券商签订推荐挂牌协议。

4. 配合主办报价券商尽职调查。

5. 主办报价券商向协会报送推荐挂牌备案文件。

6. 协会备案确认。协会对推荐挂牌备案文件无异议的，自受理之日起 50 个工作日内向推荐主办券商出具备案确认函。

7. 股份集中登记。

8. 披露股份报价转让说明书。

9. 挂牌交易。审批时间短、挂牌程序便捷是新三板挂牌转让的优势，其中，企业申请非上市公司股份报价转让试点资格确认函的审批时间为 5 日；推荐主办券商向协会报送推荐挂牌备案文件，协会对推荐挂牌备案文件无异议的，出具备案确认函的时间为 50 个工作日内。除此之外，企业申请新三板挂牌转让的时间周期还依赖于企业确定相关中介机构、相关中介机构进行尽职调查以及获得协会确认函后的后续事宜安排。

内容 3 国内创业板上市

创业板指交易所主板市场以外的另一个证券市场，其主要目的是为新兴公司提供集资途径，助其发展和扩展业务。在创业板市场上市的公司大多从事高科技业务，具有较高的成长性，但往往成立时间较短，规模较小，业绩较好。创业板市场与主板市场不同，现阶段其主要目的是为高科技领域中运作良好、发展前景广阔、成长性较强的新兴中小型公司提供融资场所。

创业板作为多层次资本市场体系的重要组成部分，主要目的是促进自主创新企业及其他成长型创业企业的发展。

第一，创业板市场满足了自主创新的融资需要。通过多层次资本市场的建设，建立起风险共担、收益共享的直接融资机制，可以缓解高科技企业的融资瓶颈，可以引导风险投资的投向，可以调动银行、担保等金融机构对企业的贷款和担保，从而形成适应高新技术企业发展的投融资体系。

第二，创业板市场为自主创新提供了激励机制。资本市场通过提供股权和期权计划，可以激发科技人员更加努力地将科技创新收益变成实际收益，解决创新型企业有效激励缺位的问题。

第三，创业板市场为自主创新建立了优胜劣汰机制，提高社会整体的创新效率，具体体现在以下两个方面：一是事前甄别。就是通过风险投资的甄别与资本市场的门槛，建立预先选择机制，将真正具有市场前景的创业企业推向市场。二是事后甄别。就是通过证券交易所的持续上市标准，建立制度化的退出机制，将问题企业从市场淘汰。

所谓的自主创新是相对于技术引进、模仿而言的一种创造活动，是指通过拥有自主知识产权的独特的核心技术以及在此基础上实现新产品的价值的过程。即创新所需的核心技术来源于内部的技术突破，其本质就是牢牢把握创新核心环节的主动权，掌握核心技术的所有权。自主创新的成果一般体现为新的科学发现以及拥有自主知识产权的技术、产品、品牌等。申请认定的国家自主创新产品，应符合以下条件：

1. 产品符合国家法律法规，符合国家产业技术政策和其他相关产业政策。

2. 产品具有自主知识产权，且权益状况明确。产品具有自主知识产权是指，申请单位经过其主导的技术创新活动，在我国依法拥有知识产权的所有权，或依法通过受让取得的中国企业、事业单位或公民在我国依法拥有知识产权的所有权或使用权。

3. 产品具有自主品牌，即申请单位拥有该产品注册商标的所有权。

4. 产品创新程度高。掌握产品生产的核心技术和关键工艺；或应用新技术原理、新设计构思，在结构、材质、工艺等方面对原有产品有根本性改进，显著提高了产品性能；或在国内外率先提出技术标准。

5. 产品技术先进，在同类产品中处于国际领先水平。

6. 产品具有潜在的经济效益和较大的市场前景或能替代进口。

除了对自主创新产品的规定之外，国内创业板上市也有其中国特色：

1. 中国创业板发行上市的数量性标准仍然十分严格。①创业板仍然强调"净利润"要求，且在数量上均严于海外创业板市场；②创业板对企业规模仍然有较高要求；③创业板对发行人的成长性有定量要求；④我国创业板要求企业上市前不得存在"未弥补亏损"，而海外创业板市场则少有类似规定。

2. 我国创业板对发行人的定性规范要求更为明确细致。我国创业板发行上市条件的设计在突出保荐人等市场自律组织作用的同时，在"持续盈利能力"、"公司治理"、"规范运作"、"募集资金使用"等方面都设置了更为细致和明确的定性规范要求，以保证发行人的质量和保护投资者。

知道了创业板上市的大概要求，最后再看一下创业板上市的审核重点：针对创业企业的特点，创业企业的业务内含（产品及服务）及其创新、创业企业的成长性及其持续盈利能力，始终是监管部门的审核重点、审核主线。该主线引申出以下监管或审核重点：

1. 创业企业的业务集中是创业板的基本要求。发行人应当主要经营一种业务，其生产经营活动符合法律、行政法规和公司章程的规定，符合国家产业政策及环境保护政策。一种业务并不是说企业只能经营一种产品。

2. 行业情况主要关注目前的行业规模、成长性、持续性；关注行业的集中程度；关注行业的政策和环境，是否具有实实在在的政策支持；处于上下游行业的位置及是否处于强势地位；潜在的竞争，特别是高毛利率能否长期维持，先发优势是否明显等。

3. 技术情况主要关注技术的先进性、创新性及实用性，是否经历过市场的充分考验；关注技术应用的时机；关注核心技术的来源等。

4. 募集资金投向。秉承主板监管从严的理念，对创业板募集资金使用提出更加严格的要求，与此同时，为体现创业板特点，在强化监管的前提下，创业板募集资金使用应当体现灵活性。

内容4　中国香港创业板上市

在国内上市，实行管道制，犹如"千军万马过独木桥"。在这样的情况下中国民企纷纷走出国门，境外上市的热潮一直没有消退。虽然境外上市有一定成本，但"付出必有回报"，能直接与纽约、中国香港这样的国际著名资本市场打交道，开阔视野，建立平台，打通渠道，规范管理，使企业得以更快、更好、更健康发展，对企业的长远规划而言是相当值得的。

中国香港是具有相当强竞争力的国际知名经济区域，拥有庞大的财政储备和外汇储备，拥有自由兑换的稳定倾向以及低税率的简明税制等优势条件。中国香港宽松的经商环境、自由的贸易政策以及便利的金融网络和通信基建等都是中国香港得以获得国际化城市美誉的重要条件。同时，中国香港作为小型开放的自由经济体系，拥有全方位的金融服务体制，同时具备高度严格、规范的监管法律体系，明显强于其他市场，有效地保护了广大投资者及中小股民的权益，在中国香港经济及法律监管渐趋完善的背景下，资金正源源不断地流入中国香港资本市场。

中国香港资本市场成立至今已有 100 多年，较之内地资本市场更加成熟和规范。并且，在这 100 多年间中国香港资本市场经过多次大小金融危机和各种政治因素，各种制度和各类资本市场参与主体都在这个环境中不断成熟，从而不论对投资者还是企业而言都为其提供了一个宽松、规范、活跃而又不失监管的资本环境。投资者在中国香港资本市场不仅可以买卖香港股市的所有股票，还有中国香港市场的债券、基金、认股权证和其他衍生工具。

香港交易所旗下的证券市场有主板和创业板两个交易平台。主板公司指那些在主板上市的公司；创业板公司指那些在创业板上市的公司。在创业板上市的证券代号为一个以"8"字为首的四位数字，有别于在主板上市的证券。在主板上市的，一般为较大型、基础较佳以及具有盈利记录的公司筹集资金。主线业务的盈利必须符合上市前三年合计盈利 5000 万港元（最近一年须达 2000 万港元）这一要求。

具体在香港创业板上市的条件如下：

创业板上市市场目的：为增长性的公司而设。

接受地域：依据中国香港、百慕大、开曼群岛、中国法律注册成立的公司。

市盈利要求：不设最低盈利要求。

营业历史：不少于 24 个月的经营活跃记录，主营业务要突出。

香港创业板上市财务要求：上市前两个财政年度经营活动的净现金流入合计须达 2000 万元。市值至少达 1 亿元。公众持股量至少达 3000 万元及 25%（如发行人的市值超过 100 亿港元，则为 15%~25%，即与主板一致）。最少 100 名公众股东，持股量最高的三名公众股东持有比率不得超过 50%。最近两个财政年度的管理层成员大致维持不变。最近一个财政年度的拥有权和控制权维持不变。必须清楚列明涵盖其上市时该财政年度的余下时间及其后两个财政年度的整体业务目标，并解释拟达致该等目标的方法。新申请人的账目必须按《香港财务汇报准则》或《国际财务汇报准则》编制。经营银行业务的公司必须同时遵守香港金融管理局发出的《本地注册认可机构披露财务资料》。新申请人若已经或将会同时在纽约证券交易所或纳斯达克上市，则其按《美国公认会计原则》编制的账目可获接纳。

知道了这些要求，我们看一下在中国香港上市的流程：

第一阶段：委任创业板上市保荐人；委任中介机构，包括会计师、律师、资产评估师、股票过户处；确定大股东对上市的要求；落实初步销售计划。

第二阶段：决定上市时间；审慎调查、查证工作；评估业务、组织架构；公司重组上市架构；复审过去二/三年的会计记录；保荐人草拟售股章程；中国律师草拟中国证监会申请（H 股）；预备其他有关文件（H 股）；向中国证监会递交上市申请（H 股）。

第三阶段：递交香港上市文件与联交所审批；预备推广资料；邀请包销商；确定发行价；包销团分析员简介；包销团分析员编写公司研究报告；包销团分析员研究报告定稿。

第四阶段：中国证监会批复（H 股）；交易所批准上市申请；附包销安

排；需求分析；路演；公开招股。

招股后安排数量、定价及上市后销售：股票定价；分配股票给投资者；销售完成及交收集资金额到位；公司股票开始在二级市场买卖。

内容5 美国上市

随着国内一些知名企业在华尔街上市，让人们着实觉得在美国上市是一件非常骄傲的事，不但代表了一个企业的整体实力，也代表了企业未来更大的发展。

在美国最主要的证券交易市场有三个，纳斯达克（NASDAQ）、纽约股票交易市场（NYSE）、美国股票交易市场（AMEX）。公司只有在满足各市场对公司的要求后其股票或者证券才能在市场上发行、交易。之所以一些有实力的公司选择在美国上市，无非是看到了美国资本市场的巨大优势。比如：

1. 无限的资金来源。因为美国资本市场汇集了全世界的资金，对任何一家懂得游戏规则并与华尔街有联系的好公司来说，融资的机会和空间极大，并且再融资不受限制。因为美国资本市场是完全市场化的，只要民营企业的业绩足够好，一年的融资规模和融资次数是不受限制的。

2. 极高的公司市值。美国市场崇拜高品质、高成长率的企业，在美国上市的公司具有极大的市值增长空间。除国内的 A 股市场外，美国市场迄今仍是全世界市盈率最高的市场。标准普尔的平均市盈率是 24~26 倍，纳斯达克高科技股的平均市盈率为 30~40 倍。而中国香港、新加坡的平均市盈率仅是 8~10 倍。因此，在美国能以更高的市盈率筹到更多的资金。比如亚马逊等均享有超过 4000 亿美元的市值，由此可见，美国股市赋予成长型公司的市值之高。正是因为美国股市拥有如此强大的融资功能，所以，多数成长型企业选择美国股市，尤其是在纳斯达克（NASDAQ）市场挂牌。

3. 极大的市场流通量。由于资金充足、体制健全等，美国股市是世界上最大和流通性最好的市场。

4. 成熟而有经验的投资者。因为美国市场以基金为最主要的投资者，散户起不到很大作用，所以对懂得应付基金投资者的上市公司而言，将会获得一批成熟和有经验的股东，并且有相当稳定的高市值。

5. 合理的上市费用。与国内股市和中国香港股市相比，到美国借壳上市的费用成本较低，尤其是买壳上市，成本更低，上市前的现金费用只需40万~60万美元，比中国香港、新加坡要低得多，而且上市标准不高。

当然，在美国上市的优势很多，但作为创业者或投资人还是要综合权衡一下利弊。在美国上市的弊端一般体现在：

第一，中美在地域、文化和法律上的差异。很多中国企业不考虑在美国上市，是因为中美两国在地域、文化、语言以及法律方面存在巨大的差异，企业在上市过程中会遇到不少这方面的障碍。因此，华尔街对大多数中国企业来说，似乎有点遥远和陌生。

第二，企业在美国获得的认知度有限。除非是大型企业或者知名中国企业，一般的中国企业在美国资本市场可以获得的认知度相比在中国香港或者新加坡来说，应该是比较有限的。因此，中国中小企业在美国可能会面临认知度不高、追捧较少的局面。但是，随着"中国概念"在美国证券市场越来越清晰，这种局面正逐渐得到改观。

第三，如果在美国选择 IPO 上市，费用可能会相对较高（大约 1000 万~2000 万元甚至更高，和中国香港相差不大），但如果选择买壳上市，费用则会降低不少。

所以，当企业选择在美国上市的时候，不但要关注其优势和弊端，更要知道详细上市要求和流程，才能做到"打有准备的仗"。

中国证监会规定，中国公司申请海外上市必须符合如下条件：净资产不少于 4 亿元，过去一年税后利润不少于 6000 万元，并有增长潜力，按合理预期市盈率计算，筹资额不少于 5000 万美元。公司内部管理完善，组织结构规范，有可靠的外汇来源来支付股息和红利。

一般来说，首次上市的第一步是企业召开董事局会议或股东大会，提交首次上市的建议。如果得到董事局和股东大会的批准，企业应立即组成专案工作小组，整理过去五年的资产记录，制作成一份符合公认会计原理的资产报表，并准备认证。

第二步是组建一个承销团。股票上市需要承销团的大力协助。如果是美国企业上市，该承销团应该包括一家律师事务所、一家会计师事务所和一家投资银行，若是中国企业在美融资则可考虑再聘请一家中立的金融顾问或顾问公司。很多时候，律师可以担任企业的综合顾问。

上市团队确定后，承销商召开起始会议，象征上市程序的正式展开。会议主要对公司的营运及组织架构有初步了解，并讨论上市策略、时间流程、财务报表，以及对会计师出具告慰信的需求。

第三步是编制公开说明书。该说明书包括"非财报部分"和"财报部分"。国外律师负责"非财报部分"的撰写，内容包括营运面、财务面，公司面临的风险、发行条件及相关国内外法令等。国外律师实审公司材料，编制并最后通过一份完整呈现公司风貌且符合美国监管揭露标准的公开说明书。

财报部分可采取两种表达方式编制：第一种为最近三年度直接依美国一般会计原则编制，并经会计师依美国查核准则查核签证的财务报表；第二种为最近三年度依本国会计原则编制，经会计师依美国查核准则查核签证财务报表，并附上由本国会计原则调整到美国会计原则的调节表，包括如净利、主要资产负债科目、股东权益及现金流量等项目。会计原则的转换难度相当高，而且还有时效要求。若公司为初次上市，该份经查核财务报表最近年度的资产负债表距送件时不得超过 12 个月。除了年度财务表，公司还需准备期中财务表和其他补充性财务报表。公开说明书从着手编制到初稿完成，通常至少需要两个月的时间。

定稿后，企业要找一家合格的、在印刷美国的募股说明书方面有经验的印刷商来处理版面，然后呈送美国证监会复核。此时为秘密送件阶段，资料不纳入证监会所的正式记录，公众无从知道。

第四步是拟定其他文件及协议。美国证监会的复核时间至少要一个月，因此在此空档时间可着手拟定其他相关文件，开始复核承销协议，讨论会计告慰信的内容，选定股务代理人和存托机构等。同时也可以趁机继续补充完善公开说明书的内容。

第五步是回复美国证监会的问题并修改公开说明书。证监会复核完毕公司的公开说明之后，会出具意见信给公司，要求公司答复其复核过程中注意到的问题。公司将修改后的公开说明书，连同对意见信的答复函送交证监会再次复核。这种送件和复核的过程要经过好几次会合，当证监会对公开说明书完全无意见时，会出示无意见信，整个复核过程可长达数月之久。

第六步是巡回路演和正式挂牌。在公开说明书接近完稿阶段，公司及承销商将此版公开说明书印制成册并分发。在证券承销团，尤其是投资银行的协助下，企业开始进行巡回"路演"推介说明。在美国国内外各大城市（主要是纽约、芝加哥、波士顿和洛杉矶）对潜在投资者进行展示和宣传。路演一般在公司预定挂牌日前的一两个月开始进行。此时，公司正式向证监会申请上市审核，此时，所有的资讯都是公开的。

参考文献

［1］张鹏、峥嵘：《从 1.0 到 4.0：移动互联网时代的零售就该这样做》，人民邮电出版社 2016 年版。

［2］安德鲁·J. 谢尔曼：《从创业筹资到 IPO：企业融资全流程实战解析（第三版）》，王鑫译，人民邮电出版社 2015 年版。

［3］张鉴伟：《经营裂变》，中国商务出版社 2017 年版。